# 会计改革与会计管理研究

杜燕蓉 著

北京工业大学出版社

图书在版编目（CIP）数据

会计改革与会计管理研究 / 杜燕蓉著. — 北京：北京工业大学出版社，2020.4（2021.8 重印）

ISBN 978-7-5639-7376-7

Ⅰ.①会… Ⅱ.①杜… Ⅲ.①会计改革－研究－中国 ②会计管理－研究－中国 Ⅳ.①F233.2

中国版本图书馆 CIP 数据核字（2020）第 079538 号

## 会计改革与会计管理研究
### KUAIJI GAIGE YU KUAIJI GUANLI YANJIU

| | |
|---|---|
| 著　　者： | 杜燕蓉 |
| 责任编辑： | 李俊焕 |
| 封面设计： | 点墨轩阁 |
| 出版发行： | 北京工业大学出版社 |
| | （北京市朝阳区平乐园 100 号　邮编：100124） |
| | 010-67391722（传真）　　bgdcbs@sina.com |
| 经销单位： | 全国各地新华书店 |
| 承印单位： | 三河市明华印务有限公司 |
| 开　　本： | 710 毫米×1000 毫米　1/16 |
| 印　　张： | 11.25 |
| 字　　数： | 225 千字 |
| 版　　次： | 2020 年 4 月第 1 版 |
| 印　　次： | 2021 年 8 月第 2 次印刷 |
| 标准书号： | ISBN 978-7-5639-7376-7 |
| 定　　价： | 52.00 元 |

版权所有　　翻印必究

（如发现印装质量问题，请寄本社发行部调换 010-67391106）

# 前　言

会计与特定的社会经济环境相联系。随着我国社会主义计划经济向市场经济转变，会计的外部环境和内部环境，包括投资主体、经济利益分配、政府管理职能等都发生了巨大的变化。因此，会计必须不断进行改革。会计改革要适应我国的国情和发展现状，逐步建立起既适合社会主义市场经济，又具有中国特色的会计方法、会计法规和会计理论体系。

企业会计管理是企业战略管理与经营管理的主要内容之一，也是实现企业战略目标与经营目标的主要抓手之一。企业在经营过程中要注重量化相关经济行为，通过会计管理中的预算与决算指标对比考核相关的业务执行情况。

本书立足于会计改革与会计管理，在总体论述会计的基础上，概述了会计制度建设与会计改革、会计法律制度体系及改革，之后重点阐述会计信息系统的内部控制与审计、会计基础工作规范与内部控制制度建设、会计电算化，最后对会计管理的内容进行了分析。

在本书的撰写过程中，笔者参考了大量资料，借鉴了很多学者、专家的宝贵经验，在此表示衷心的感谢。由于笔者水平有限，书中难免存在疏漏和不妥之处，恳请广大读者批评指正。

# 目 录

第一章　会计总论 ··················································································· 1
　第一节　会计的发展阶段 ······································································· 1
　第二节　会计的基本假设与会计信息质量要求 ············································ 4
　第三节　会计要素 ················································································ 8
　第四节　会计计量 ··············································································· 12
　第五节　财务会计报告 ········································································ 14
　第六节　会计新旧基本准则比较 ···························································· 16
第二章　会计制度建设与会计改革概述 ······················································ 19
　第一节　新时期的会计工作与会计改革 ··················································· 19
　第二节　会计制度建设与会计改革的关系 ················································ 23
　第三节　会计制度应遵循的原则和应特别考虑的环境因素 ·························· 25
第三章　会计法律制度体系及改革 ···························································· 31
　第一节　会计法律制度体系 ·································································· 31
　第二节　《会计法》的地位、作用及改革的主要内容 ································· 33
　第三节　《企业财务会计报告条例》的颁布及主要突破点 ·························· 38
　第四节　企业会计核算制度体系及改革 ··················································· 47
第四章　会计信息系统的内部控制与审计 ··················································· 55
　第一节　会计信息系统内部控制的目标与风险 ········································· 55
　第二节　一般控制 ·············································································· 57
　第三节　应用控制 ·············································································· 61
　第四节　计算机审计 ··········································································· 64
第五章　会计基础工作规范与内部控制制度建设 ········································· 69
　第一节　会计基础工作及其规范 ···························································· 69

第二节　内部控制制度及其建设 …………………………………… 76
　　第三节　会计基础工作和内部控制制度的关系 …………………… 86

第六章　会计电算化概述与管理 ……………………………………………… 91
　　第一节　会计电算化的发展 ………………………………………… 91
　　第二节　会计电算化实施的方法、作用及影响 …………………… 96
　　第三节　会计电算化岗位责任制 …………………………………… 99
　　第四节　会计电算化管理制度 ……………………………………… 103

第七章　会计管理的理论研究 ………………………………………………… 111
　　第一节　会计管理概述 ……………………………………………… 111
　　第二节　会计管理质量控制 ………………………………………… 116
　　第三节　科技革命与会计管理 ……………………………………… 118
　　第四节　企业会计管理监督体制建设 ……………………………… 120

第八章　会计管理体制 ………………………………………………………… 125
　　第一节　会计管理体制概述 ………………………………………… 125
　　第二节　会计管理体制的形成 ……………………………………… 132
　　第三节　会计管理体制的恢复、健全和发展 ……………………… 135
　　第四节　会计管理体制创新与会计信息质量 ……………………… 140

第九章　会计管理风险控制 …………………………………………………… 143
　　第一节　企业会计管理风险产生的原因 …………………………… 143
　　第二节　内部审计与企业会计风险管理 …………………………… 145
　　第三节　企业会计电算化的风险管理 ……………………………… 148

第十章　会计管理的实践应用研究 …………………………………………… 151
　　第一节　税务会计管理的实践应用 ………………………………… 151
　　第二节　财务管理与会计管理的关系、衔接和应用 ……………… 154
　　第三节　会计管理的创新应用 ……………………………………… 156

参考文献 ………………………………………………………………………… 171

# 第一章 会计总论

## 第一节 会计的发展阶段

会计作为一种特殊的经济管理活动,因人们对生产活动进行管理的客观需要而产生,会计的发展离不开社会生产力发展水平的提高。对会计的理解在经济发展的不同阶段是不同的。我们可以将会计的发展分为三个阶段。

### 一、古代会计

古代会计阶段是一个非常漫长的阶段。不少会计学者都在探索会计产生在什么时代,会计最早产生于哪个国家。由于篇幅所限,在此我们不做过多讨论。我们可以简单地将古代会计阶段划归为从会计产生到1494年的这一期间。当然,会计的产生究竟从何时开始,目前争议较大,一些人将结绳记事作为会计产生的开始,也有一些人认为会计产生的时间不应该早于文字的产生时间。关于会计产生的原因,一些人认为在于人类需要计算经济效益,需要比较投入与产出,也有一些人认为是源于委托经济责任制的产生,由于生产资料所有权与经营权相分离,所有者将生产资料委托给经营管理者去管理,作为受托方的经营管理者需要向委托方报告其经营管理的状况及结果,因此就产生了会计。众说纷纭,各种观点都有一定的道理,其共同点是表明了会计的这一阶段是一个相当漫长的时期。在这一阶段,会计作为一项经济活动是不断地发展和完善的。1494年,意大利伟大的数学家卢卡·帕乔利出版了《算术、几何、比及比例概要》一书,系统地描述了热那亚、那不勒斯等地商业交易中的复式记账方法,并对其加以科学说明,首次总结出了若干重要的记账要素。应该说,正是因为复式记账法在大范围内推广,才开辟了会计核算的新纪元。因此人们将此书的出版作为划分会计发展阶段的标志。

### （一）古代会计环境的特点

①国家已经产生。国家为了维持国家机器的运转，需要有公共财政的支持，也就需要向国民征税。税收的形式在很长一段时间内是以实物为主的，后来逐渐发展成货币的形式。

②企业的雏形刚刚形成。这时企业的规模非常小，多以手工作坊的形式存在，后来逐渐发展成为手工工厂的形式，但手工工厂生产的产品品种单一，生产工艺简单。

③生产力水平较低。这时主要以手工业生产为主，劳动生产率较低。

### （二）古代会计的特点

①以官厅会计为主，主要核算政府的税收收入，并进行收入的分配。

②以货币和实物为计量单位。税收多以实物为主，即使产生了货币，也多以实物作为计量单位。到了这一阶段的后期，才逐渐采用货币作为计量单位。

③采用单式记账法。这一阶段的记账方式多是流水账的形式，也就是将发生的经济业务按时间的先后顺序逐一记录。一般只是记录主要的财产与物资的变化，或只在账簿中记录有关货币的收支。

④正如马克思所说："会计还没有成为专门的职业，只是作为生产职能的附带部分，在工作之余，将经济活动的过程和结果简单地记录下来。"

## 二、近代会计

从 15 世纪末到 19 世纪末或 20 世纪初是会计报表的形成时期，是会计的近代阶段。会计报表的形成是划分近代会计与现代会计的标志。

### （一）近代会计环境的特点

①生产力水平迅速提高，尤其是欧洲发生产业革命，以及大工业生产的出现，使得生产效率大大提高，社会生产力水平不断提高。

②商业革命和产业革命同时促成了社会大分工，社会出现了明显的行业分工。

③随着社会生产力水平的提高，一些手工业工厂规模越来越大，大规模生产的结果又促使生产效率进一步提高，生产的产品品种逐渐增加。

④在生产力提高以及社会分工出现的同时还产生了市场竞争，并且市场竞

争日益加剧。

### (二) 近代会计的特点

①以企业会计为主。由于企业的规模越来越大，企业会计也逐渐发展起来，并成为会计的主要内容。官厅会计仍然存在，但是逐渐退出主导地位。

②在会计实务中以货币作为主要的计量单位，实物单位、劳动量单位逐渐退居次要位置。随着商品经济的出现，货币成为一般等价物，能够衡量和计算商品的价值。因此会计核算能够将货币作为价值尺度进行价值核算。

③普遍采用复式记账法。复式记账法在全世界的各个经济发达国家被广泛采用。12世纪至13世纪时，地中海沿岸的国家经济迅速发展，尤其是银行业，银行一般采用复式记账法。随着企业会计的发展，企业也纷纷借鉴了银行的复式记账法。《算术、几何、比及比例概要》一书，系统地描述了热那亚、那不勒斯等地商业交易中的复式记账法，并推广了这种记账方法。

④会计具有了独立职能。会计逐渐成为一个专门的职业。会计职能逐渐从生产职能中分离出来，形成特殊的专门的独立职能。会计一方面对生产过程中的人力、物力等的消耗量及劳动产品的数量进行记录、计算；另一方面对生产过程中的劳动耗费和劳动成果进行分析、控制和审核，以促使人们节约劳动耗费，提高经济效益。

⑤形成了一套会计核算方法。市场竞争日趋激烈，企业必须努力提高其竞争能力，将目光转向降低产品成本。因此成本计算作为一种方法纳入会计核算体系中来。随着企业规模的扩大，经营者逐渐与所有者相分离，为适应这一分离，就产生了经营者向所有者报送的会计报表。会计报表产生后，会计的一套完整的核算方法形成，并一直沿用至今。

## 三、现代会计

现代会计阶段，一般认为是从19世纪末或20世纪初至今。

### (一) 现代会计环境的特点

①科学技术迅速发展，成为社会生产力发展水平提高的主要动力。社会生产力水平迅速提高，近百年来创造的财富相当于人类历史上一千多年创造的财富总和。

②生产社会化程度日益提高，出现了跨国公司，这些跨国公司在世界经济领域扮演着重要的角色。这一阶段出现了全球经济一体化的趋势，经济生活日

渐复杂，对会计的要求越来越高，会计日益成为经济管理的重要组成部分。

③市场竞争越来越激烈。激烈的市场竞争要求企业不仅要降低成本，而且要加强企业内部的经营管理和控制，使企业在竞争中发展壮大。

④其他相关学科也发展起来，行为科学、环境科学、系统论、控制论、信息论、应用数学的发展，为会计领域的扩展提供了理论基础。特别是20世纪50年代以后电子计算机的飞速发展和广泛应用，为会计理论和实务的发展提供了前所未有的广阔前景。

### （二）现代会计的特点

①会计理论的形成标志着会计成为一门真正的科学。在近代会计中，会计的记账方法充其量是一种应用数学的方法。到了现代会计阶段，尤其是1929年至1933年的经济危机后，会计不再是一种纯粹的计算方法，而成为经济管理科学中的一门重要学科。

②会计成为经济管理科学的重要组成部分。经营规模越来越大的企业出现，以及市场竞争日趋激烈，要求会计成为一种对生产经营活动进行核算与监督的以价值管理为主要特征的经济管理活动。会计的职能决定了会计成为一种以经济数据的记录、计算、分析、控制、审核为中心的经济管理工作。

③形成完整的会计体系。近代会计阶段形成的一套会计核算方法，主要用于对外报告，称为对外报告会计，或称为财务会计。由于竞争的激烈、数学的发展，以及企业经营管理的需要，逐渐将数学方法应用到会计中来，形成了加强企业内部管理的管理会计。由于税法的完善、税种的增加，以及国家对企业控制手段的调整，税务会计也逐渐从财务会计中独立出来，成为会计的重要分支。

④会计规范化。逐渐形成的基本会计准则和具体会计准则成为会计行为的规范，随着会计准则的不断完善，会计的主观随意性受到抑制。

## 第二节　会计的基本假设与会计信息质量要求

### 一、会计的基本假设

组织会计核算工作，需要具备一定的前提条件，即在组织会计核算工作之前，首先要解决与确立会计核算主体有关的一系列问题。这是会计工作的基础，具有非常重要的作用。目前国内外会计学界大多认为会计的基本假设有四个。

### （一）会计主体

会计主体是会计核算服务的对象或会计人员进行会计确认、计量、记录和报告时采取的立场。会计主体界定了会计核算的空间范围，有利于正确地反映一个经济实体所拥有的财产及其承担的债务，计算其经营收益或可能遭受的损失，以提供准确的财务信息。

应当注意的是，会计主体与法律主体是不同的概念。作为一个法律主体，其经济上必然是独立的，因而法律主体一般也是一个会计主体，但是构成会计主体的并不一定都是法律主体。比如，从法律角度看，独资及合伙企业所有的财产和债务，在法律上应视为所有者个人财产延伸的一部分，独资及合伙企业在业务上的种种行为仍视其为个人行为，企业的利益和行为与个人的利益和行为是一致的，独资及合伙企业因此而不具备法律主体的资格。但是，独资及合伙企业都是会计主体，在会计处理上其都要把企业的财务活动与所有者个人的财务活动截然分开。

### （二）持续经营

持续经营假设是指，企业在可以预见的将来，不会面临破产和清算，而是持续不断地经营下去。这一假设从时间上对会计核算进行了界定。持续经营假设对于会计核算十分重要，其为正确地确定财产计价、收益，以及计量提供了理论依据。只有具备了这一前提条件，才能将历史成本作为企业资产的计价基础，才能够认为资产在未来的经营活动中可以给企业带来经济效益，固定资产的价值才能够按照其使用年限的长短以折旧的方式分期转为费用。对于一个企业来说，如果持续经营这一假设不存在了，那么一系列的会计准则和会计方法也相应地丧失其存在的基础。所以，作为一个会计主体必须将持续经营作为假设前提。

### （三）会计分期

会计分期假设是指，将一个企业持续经营的生产经营活动期间划分为若干连续的、长短相同的期间。这一假设是从持续经营假设引申出来的，是持续经营假设的客观要求。因为企业的经营活动从时间上看是一个持续不断的过程，但会计为了确定损益和编制会计报表，定期为使用者提供信息，就必须将持续不断的经营过程划分为若干个会计期间。会计期间分为年度和中期，均按公历起讫日期确定。中期是指短于一个完整的会计年度的报告期间。会计期间划分的长短会影响损益的确定。一般来说，会计期间划分得越短，反映经济活动的会计信息质量就越不可靠。当然，会计期间的划分也不可能太长，太长会影响会计信息使用者及时使用会计信息的需要。因此会计期间划分必须恰当。

### （四）货币计量

用货币来反映一切经济业务是会计核算的基本特征，因而也是会计核算的一个重要的前提条件。选择货币作为共同尺度，以数量的形式来反映会计实体的经营状况及经营成果，是商品经济发展的产物。会计计量是会计核算的关键环节，是会计记录和会计报告的前提，货币则是会计计量的统一尺度。另外，货币计量这一假设还暗含货币币值稳定这一假设。我国《企业会计制度》规定，企业的会计核算一般将人民币作为记账本位币，业务收支以人民币以外的货币为主的单位，可以选定其中一种货币作为记账本位币，但是在编报财务会计报告时应当折算为人民币。

上述四个假设相互依存、相互补充。会计主体界定了会计核算的空间范围，持续经营和会计分期界定了会计核算的时间长度，货币计量为会计核算提供了必要的手段。没有会计主体就没有持续经营，没有持续经营就没有会计分期，没有货币计量就没有现代会计。

## 二、会计信息质量要求

会计信息质量要求是对企业财务会计报告中所提供的会计信息质量的基本要求，是使财务会计报告中所提供的会计信息对使用者决策有用所应具备的基本特征。我国《企业会计准则》中规定了八项会计信息质量要求。

### （一）客观性

企业应当以实际发生的交易或事项为依据进行会计确认、计量和报告，如实反映符合确认和计量要求的各项会计要素及其他相关信息，以保证会计信息真实可靠、内容完整。这一要求包括三个方面的含义：一是真实性，即提供的会计信息应如实反映企业的财务状况、经营成果和现金流量状况；二是可靠性，指对经济业务的确认、计量和报告应不偏不倚，以事实为依据，可供复查其数据来源和信息提供过程；三是完整性，如收入大幅提高是由于国家政策所致时，只在财务会计报告中提供收入信息是不够的，还应披露国家政策的影响。

### (二) 相关性

企业提供的会计信息应当与财务会计报告使用者的经济决策需要相关，有助于财务会计报告使用者对企业过去、现在或者未来的情况作出评价或者预测。如关于产品过剩，企业存货跌破账面价，会计上计提存货跌价准备的披露就是提供资产已经减值的相关信息。

### (三) 明晰性

企业提供的会计信息应当清晰明了，便于财务会计报告使用者理解和使用。这一要求指会计核算和编制的财务会计报告应当清晰明了，便于人们理解和运用。会计信息的价值在于对信息使用者的决策有用，因而必须使信息使用者理解会计记录乃至填报报告的语言、方法。明晰性的要求应贯穿于会计的各个阶段。

### (四) 可比性

企业提供的会计信息应当具有可比性。可比性具有两个方面的含义。一是同一企业纵向可比。同一企业不同时期发生的相同或者相似的交易或者事项，应当采用一致的会计政策，不得随意变更。确实需要变更的，应当在附注中说明。如企业将存货计价方法从先进先出法改为加权平均法，会对存货发出成本和结存存货价值产生不同的影响，附注中应该说明。二是不同企业间横向可比。不同企业发生的相同或者相似的交易或者事项，应当采用规定的会计政策，确保会计信息口径一致、相互可比。企业经营的成果，资产情况如何，需要靠企业间会计报表信息的比较得知，如果企业记账口径一致，无疑使得可比性增强。可比性的要求以客观性的要求为基础，并不意味着不能有任何选择，只要这种选择仍然可以进行有意义的比较。如为了如实反映应收账款的风险，可以根据实际情况选择按比例计提坏账准备。

### (五) 实质重于形式

企业应当按照交易或者事项的经济实质进行会计确认、计量和报告，不应仅以交易或者事项的法律形式为依据。如果企业的会计核算仅仅按照交易或事项的法律形式或人为形式进行，而其法律形式或人为形式又未能反映其经济实质和经济现实，会计核算的结果不仅不会有利于会计信息使用者的决策，反而会误导会计信息使用者的决策。如将融资租入固定资产视为自有固定资产进行会计处理，就是按照实质重于形式的要求。

### （六）重要性

企业提供的会计信息应当反映与企业财务状况、经营成果和现金流量等有关的所有重要交易或者事项。企业的会计核算应当按照重要性的要求，在会计核算的过程中对交易或事项区别其重要程度，采用不同的核算方法。对资产、负债、损益等有较大影响，并进而影响财务会计报告使用者据以作出合理判断的重要会计事项，必须按照规定的会计方法和程序进行处理，并在财务会计报告中予以充分、准确地披露。对于次要的会计事项，在不影响会计信息真实性和不至于误导财务会计报告使用者做出正确判断的前提下，可适当简化处理。如某项资产过少可在财务会计报告中合并反映。重要性的要求与会计信息成本效益直接相关，坚持按照重要性的要求能使提供会计信息的收益大于成本。

### （七）谨慎性

企业对交易或者事项进行会计确认、计量和报告应当保持应有的谨慎，不应高估资产或者收益，低估负债或者费用。企业在进行会计核算时，应当按照谨慎性的要求。谨慎性的要求是指会计人员对于存在不同会计处理程序和方法的某些经济业务或会计事项，应在不影响合理反映的前提下，尽可能选择不虚增利润和夸大所有者权益的会计处理程序和方法进行会计处理。当有多种会计方法可供选择时，应当按照谨慎性的要求，不得多计资产或收益，少计负债或费用。

### （八）及时性

企业对于已经发生的交易或者事项，应当及时进行会计确认、计量和报告，不得提前或者延后。及时性的要求是指企业的会计核算应当及时进行，以保证会计信息的时效性。及时性原则包括两重含义：一是对发生的经济业务及时记录，跨期记录影响核算结果，影响信息质量；二是将会计信息及时输送给相关使用者，迟报信息将影响相关使用者对企业的判断以及决策。因此，会计记账、算账、报账都不得提前或延后。

## 第三节  会计要素

会计要素是对会计对象进行的基本分类，是会计核算对象的具体化。我国会计准则将会计要素分为两大类六个要素：一类是反映企业财务状况的要素，包括资产、负债、所有者权益；另一类是反映企业财务成果的要素，包括收入、费用和利润。

## 一、资产

### （一）资产的定义

资产是指企业过去的交易或事项形成的、由企业拥有或控制的、预期会给企业带来经济利益的资源。

对资产定义的理解应把握好以下几点：首先，资产是由企业过去交易或事项形成的，预期在未来发生的交易或事项不形成企业的资产；其次，资产可以是由企业享有所有权的经济资源，但也包括企业不享有所有权，但能对其实施控制的经济资源；最后，资产应当预期会给企业带来经济利益，这些经济利益可以直接导致未来现金或现金等价物流入企业，也可以间接导致未来现金或现金等价物流入企业。

### （二）资产的确认

符合资产定义的资源，在同时满足以下条件时，确认为资产。
①与该资源有关的经济利益很可能流入企业。
②该资源的成本或者价值能够可靠计量。

符合资产定义和资产确认条件的项目，应当列入资产负债表；符合资产定义，但不符合资产确认条件的项目，不应当列入资产负债表，只能在报表附注中披露。

## 二、负债

### （一）负债的定义

负债是指企业过去的交易或者事项形成的、预期会导致经济利益流出企业的现时义务。

对负债定义的理解应把握以下几点。第一，现时义务是指企业在现行条件下已承担的义务。未来发生的交易或事项形成的义务，不属于现时义务，不应当确认为负债。如本期材料采购的未付款，形成现时义务，属于负债；但下期进货的未付款不形成本期的义务，不应确认为负债。第二，经济利益的流出指负债将由企业在未来某个时日加以清偿。负债的清偿方式，可以是转移资产，可以是提供劳务，也可以是将债务转为所有者权益。

### （二）负债的确认

符合负债定义的义务，在同时满足下列条件时，确认为负债。
①与该义务有关的经济利益很可能流出企业。
②未来流出的经济利益的金额能够可靠计量。

符合负债定义和负债确认条件的项目，应当列入资产负债表；符合负债的定义、但不符合负债确认条件的项目，不应当列入资产负债表，只能在附注中说明。

## 三、所有者权益

### （一）所有者权益的定义与来源

所有者权益是指企业资产扣除负债后由所有者享有的剩余权益。公司的所有者权益又称为"股东权益"。

所有者权益的来源包括所有者投入的资本、直接计入所有者权益的利得和损失、留存收益等。其中，所有者投入的资本可以是企业或自然人自愿投入企业的现金、存款或实物资产。直接计入所有者权益的利得和损失是指，不应计入当期损益的、会导致所有者权益发生增减变动的、与所有者投入资本或者向所有者分配利润无关的利得或损失。利得是指企业非日常活动所形成的、会导致所有者权益增加的、与所有者投入资本无关的经济利益的流入，如公司发行股票的发行溢价部分。损失是指由企业日常活动所发生的、会导致所有者权益减少的、与向所有者分配利润无关的经济利益的流出，如债权人的债务重组损失。

### （二）所有者权益的计量

由于所有者权益等于资产扣除负债后的余额，所以所有者权益金额取决于资产和负债的计量。在我国，负债一般以账面价值计量，多数情况下，资产的计量是关键。在公允价值计量的基础指导下，资产价值随市场价值波动，计提减值准备等会计政策也影响资产的价值，因而从某种意义上讲，所有者权益的价值取决于企业所采用的计量基础、计量原则等会计政策。所有者权益项目应当列入资产负债表。

## 四、收入

### （一）收入的定义

收入是指企业在日常活动中形成的、会导致所有者权益增加的、与所有者投入资本无关的经济利益的总流入。由此可见，不是企业日常活动形成的经济利益不能记为收入，与所有者投入资本有关的经济利益的总流入也不能记为收入。

### （二）收入的确认

收入只有在经济利益很可能流入从而导致企业资产增加或者负债减少，且经济利益的流入额能够可靠计量时才予以确认。企业间日常经济往来多为信用形式，即采取赊销赊购的形式，可能导致收入的大部分是应收账款，只有在应收账款很可能收回的情形下，才能确认为收入。预收账款是没有提供产品或者服务前，收到客户款项，将来有提供产品或服务的义务，会使经济利益流出，会计上确认为负债。收入计量的情形有的比较复杂，如跨期建造工程的收入计量，一般按照工程进度百分比测算，其测算是否有数字依据、人为主观经验估计的成分有多大，这些都需要经过科学的测算和计量。

符合收入定义和收入确认条件的项目，应当列入利润表；不能可靠计量的项目，如上述建造合同的项目不容易测定完工进度，即本期不能可靠计量，则不能在当期列入利润表，需要在附注中说明。

## 五、费用

### （一）费用的定义

费用是指企业在日常活动中发生的、会导致所有者权益减少的、与向所有者分配利润无关的经济利益的总流出。与向所有者分配利润相关的经济利益的流出不能记为费用，如向投资者分红。值得注意的是，费用有期间概念，有些本期支出不一定形成费用，如企业缴纳了下一年度的保险费，虽然有支出，但不属于本期的耗费，不能在本期确认为费用。

### （二）费用的确认

费用只有在经济利益很可能流出从而导致企业资产减少或者负债增加，且经济利益的流出额能够可靠计量时才予以确认。企业发生费用使资产减少的情况很多,如缴纳水电费使企业存款减少。企业发生费用使负债增加的情况即应确认为本期的费用,但是没有支付,如本期使用借款应该负担的利息确认为费用,但是下期支付,形成一项负债。

企业为生产产品、提供劳务等发生的可归属于产品成本、劳务成本等的费用,应当在确认产品销售收入、劳务收入等时,将已销售产品、已提供劳务等的成本计入当期损益。符合费用定义和费用确认条件的项目,应当列入利润表。

## 六、利润

利润是指企业在一定会计期间内的经营成果。利润包括收入减去费用后的净额,直接计入当期利润的利得和损失等。即利润分为两个层次:第一个层次为营业收入减去营业成本、营业税金、管理费用、销售费用、财务费用;第二个层次为以上结果再加减直接记入当期利润的利得和损失。直接计入当期利润的利得和损失是指,应当计入当期损益的、会导致所有者权益发生增减变动的、与所有者投入资本或者向所有者分配利润无关的利得和损失。直接计入当期利润的利得和损失主要包括投资收益、非流动资产处置损益、可供出售金融资产公允价值变动净额、现金流量套期工具公允价值变动净额等。

利润金额取决于收入和费用,直接计入当期利润的利得和损失金额的计量。因此,有了收入、费用、利得、损失的确认条件,就不用单独设置确认利润的条件。利润项目应当列入利润表。利润的计算公式如下。

利润 =(收入 - 费用)+(利得 - 损失)

# 第四节  会计计量

企业在将符合确认条件的会计要素登记入账并列报于会计报表及其附注时,应当按照规定的会计计量属性进行计量,确定其金额。会计计量属性主要包括以下方面。

## 一、历史成本

在历史成本计量下,资产按照购置时支付的现金或现金等价物的金额,或按照购置时所付出的对价的公允价值计量。负债按照因承担现时义务而实际收到的款项或资产的金额,或承担现时义务的合同金额,或按照日常活动中为偿还负债预期需要支付的现金或现金等价物的金额计量。

历史成本又称原始成本或实际成本,指因购入、制造或建造而取得资产时所付出的代价。历史成本原则要求对企业取得的资产、资产耗用、转换和处置,一律按历史成本计价。历史成本计价较为合理,因为历史成本反映商品买卖的成交价值,具有客观性。历史成本是资产在其取得日期价值的可靠标志,也具有可验证性。以历史成本计价为基础做出的财务会计报告可信度高。除法律、法规和国家统一会计制度另有规定外,不得自行调整历史成本的账面价值。

历史成本原则在负债计量时体现为,不仅借到多少钱就有偿还多少钱的义务,有时还包括借款时合同约定到期应该支付的金额,如套期交易合同。这种交易记入的金额不仅包括现金,还包括可转让的应收账款等现金等价物。

## 二、重置成本

在重置成本计量下,资产按照现在购买相同或者相似资产所需支付的现金或现金等价物的金额计量。负债按照现在偿还该项负债所需支付的现金或现金等价物的金额计量。

重置成本法的基本思路,是站在买者的角度,指重新购买相同或相似的全新资产所花费的各种成本费用的总和,即在现行市价条件下需要支付的总成本额。应用重置成本法的前提有以下几点:第一,具备可利用的历史资料;第二,体现社会或行业平均水平;第三,资产的实体特征、内部结构及功能必须与重置全新资产具有可比性;第四,资产必须是可再生的,或是可以复制的;第五,资产必须是随着时间的推移具有贬值特性的资产。重置成本法的优点为,有利于单项资产和特定用途资产的计量,实用性强,应用广泛;比较充分地考虑了资产的损耗,考虑因素比较全面,计量的结果更趋于公平合理;有利于企业资产的保值。其缺点为,以历史资料为依据确定目前的资产价值,必须充分分析这种假设的可行性;各种贬值难以全面计算;工作量大,计算复杂。

## 三、可变现净值

在可变现净值计量下,资产按照其正常对外销售所能收到现金或现金等价物的金额,扣除该资产至完工时估计将要发生的成本、估计的销售费用以及相关税费后的金额计量。

### 四、现值

在现值计量下,资产按照预计从其持续使用和最终处置中所产生的未来净现金流量的折现金额计量,负债按照预计期限内需要偿还的未来净现金流出量的折现金额计量。

### 五、公允价值

在公允价值计量下,资产和负债按照在公平交易中,熟悉情况的交易双方自愿进行的资产交换或者债务清偿的金额计量。

以公允价值计量资产时,存在活跃市场的,应当以其市场价格为基础确定其公允价值;该资产不存在活跃市场,但与其类似的资产存在活跃市场的,应当以类似资产的市场价格为基础做适当调整,然后确定为该资产的公允价值。在上述两种情况下仍不能确定非现金资产公允价值的,应当以交易双方自愿进行的公允的资产交易金额为依据确定其公允价值。金融资产可以用未来现金流量的贴现价值计量。考虑到我国市场发展的现状,我国目前主要在金融工具、投资性房地产、非共同控制下的企业合并、债务重组和非货币性交易等方面采用了公允价值计量的方式。

企业在对会计要素进行计量时,一般应当采用历史成本计量。采用重置成本、可变现净值、现值、公允价值计量的,应当保证所确定的会计要素金额能够取得并可靠计量。

## 第五节　财务会计报告

财务会计报告是指企业对外提供的反映企业某一特定日期的财务状况和某一会计期间的经营成果、现金流量等会计信息的文件。

### 一、财务会计报告的内容

财务会计报告包括会计报表及其附注和其他应当在财务会计报告中披露的相关信息和资料。会计报表是对企业财务状况、经营成果和现金流量的结构性描述。会计报表至少应当包括资产负债表、利润表和现金流量表等报表。小企业编制的财务会计报表可以不包括现金流量表。

## 二、财务会计报告列报的基础与要求

企业应当以持续经营为基础,进行报表列报。企业管理层应当评价企业的持续经营能力,对企业的持续经营能力产生严重怀疑的,应当在附注中披露导致对其持续经营能力产生重大怀疑的不确定性因素。

企业在当期已经决定下一个会计期间进行清算或停止营业,表明其处于非持续经营状态,应当采用其他基础编制会计报表,如破产企业的资产应当采用可变现净值计量等,并在附注中声明会计报表未以持续经营为基础列报,披露未以持续经营为基础的原因以及会计报表的编制基础。性质或功能不同且具有重要性的项目,应当在会计报表中单独列报;性质或功能类似的项目,可以合并列报。判断项目性质的重要性,应当考虑该项目是否属于企业的日常活动,是否对企业的财务状况和经营成果具有较大影响等因素;判断项目金额大小的重要性,应当以单项金额占资产总额、负债总额、所有者权益总额、营业收入总额、净利润等直接相关项目金额的比重加以确定。

## 三、财务会计报告主要的三大报表

### (一)资产负债表

资产负债表是指反映企业在某一特定日期的财务状况的会计报表。资产负债表由流动资产和非流动资产、流动负债和非流动负债以及所有者权益几部分组成。流动资产主要有货币资金、应收及预付账款、交易性投资、投资性房地产等;非流动资产主要有固定资产、无形资产等;流动负债主要有短期借款、应付及预收账款、应交税费、应付职工薪酬、预计负债等;非流动负债主要有长期借款、长期应付款、应付债券等;所有者权益主要包括实收资本(或股本)、资本公积、盈余公积、未分配利润等项目。

### (二)利润表

利润表是指反映企业在一定会计期间的经营成果的会计报表,由收入及经营业务发生的成本、管理费用、销售费用和财务费用等项目组成。利润表主要列示营业收入、营业成本、管理费用、销售费用、财务费用、投资收益、公允价值变动损益、资产减值损失、非流动资产处置损益、所得税费用、净利润等项目。

### (三)现金流量表

现金流量表是指反映企业在一定会计期间的现金和现金等价物流入和流出的会计报表。现金流量表主要由经营活动的现金流量、投资活动的现金流量和筹资活动的现金流量构成。经营活动产生的现金流量有销售商品、提供劳务收到的现金,购买商品、接受劳务支付的现金以及为职工支付的现金,支付的各项税费,支付其他与经营活动有关的现金;投资活动产生的现金流量有收回投资收到的现金,取得投资收益收到的现金,处置固定资产、无形资产和其他长期资产收回的现金净额,处置子公司及其他营业单位收到的现金净额,收到其他与投资活动有关的现金,购建固定资产、无形资产和其他长期资产支付的现金,投资支付的现金,取得子公司及其他营业单位支付的现金净额,支付其他与投资活动有关的现金;筹资活动产生的现金流量有吸收投资收到的现金,取得借款收到的现金,收到其他与筹资活动有关的现金,偿还债务支付的现金,分配股利、利润或偿付利息支付的现金,支付其他与筹资活动有关的现金等项目。

### 四、财务会计报告的附注

附注是指对在会计报表中列示项目所做的进一步说明,以及对未能在这些报表中列示项目的说明等。附注是财务报告不可或缺的组成部分,报告使用者要了解企业的财务状况、经营成果和现金流量,应当全面阅读附注。"附注"相对于"报表"而言,具有同等重要性。附注应当按照一定的结构进行系统合理的排列和分类,有顺序地披露信息。一般企业都应在附注中披露其基本情况、财务报表的编制基础、遵循《企业会计准则》的声明、重要会计政策和会计估计、会计政策和会计估计变更以及差错更正的说明、重要报表项目的说明等事项。

## 第六节 会计新旧基本准则比较

### 一、整体结构变化

旧准则在整体结构上共分为十章:总则、一般原则、资产、负债、所有者权益、收入、费用、利润、财务报告和附则。新准则分为十一章,新增加了"会计计量"一章,同时,将第二章的名称"一般原则"改为"会计信息质量要求",

突出了财务会计的目标,即提供有用的信息。

## 二、总则部分变化

首先,在准则的适用范围上,旧准则为"包含设在中华人民共和国境外的中国投资企业",新准则改为"适用于在中国境内设立的企业"。

其次,在目标上,旧准则目标为"统一会计核算标准,保证会计信息质量",新准则修改为"为了规范企业会计确认、计量和报告行为,保证会计信息质量"。

最后,在对财务报告的目标表述上,旧准则表述为"满足国家宏观经济管理的需要",新准则修改为"向财务会计报告使用者提供与企业财务状况、经营成果和现金流量等有关的会计信息,反映企业管理层受托责任履行情况,有助于财务会计报告使用者做出经济决策"。

## 三、会计信息质量要求变化

旧准则是将会计信息质量要求与会计计量和确认原则放在一起,统称为"一般原则"。新准则将原"一般原则"中的七个会计信息质量要求和"实质重于形式"单独列出作为一章,称为"会计信息质量要求"。新准则突出了相关性和可比性,强化了重要性。

## 四、会计要素变化

六大会计要素的定义在新准则中均发生了较大变化。新旧准则在资产、负债和收入要素的确认上也发生了变化。另外,在分类或特征表述上也有不同的修改,限于篇幅,在此不做一一比较。

## 五、会计计量变化

关于这项内容,旧准则未单独做一章说明,而新准则单独列为一章,指出企业在将符合确认条件的会计要素登记入账并列报会计报表及其附注时,应当按照规定的会计计量属性进行计量,确定其金额。会计计量属性主要包括历史成本、重置成本、可变现净值、现值和公允价值。

## 六、财务会计报告变化

旧准则对财务会计报告的定义表达为"是反映企业财务状况和经营成果的

书面文件";新准则修改为"是企业对外提供的反映企业某一特定日期的财务状况和某一会计期间的经营成果和现金流量等会计信息的文件"。旧准则认为财务会计报告的组成"包括资产负债表、利润表、财务状况变动表（或者现金流量表）、附表及会计报表附注和财务情况说明书";新准则修改为"包括会计报表及其附注和其他应当披露的相关信息资料。会计报表至少应包括资产负债表、利润表、现金流量表等报表"。

# 第二章 会计制度建设与会计改革概述

## 第一节 新时期的会计工作与会计改革

会计工作的好坏直接关系到会计信息的质量，关系到社会资源的配置，关系到社会主义市场经济体制的建立与发展。新时期的会计工作面临着更大的挑战。广大会计工作者应充分认识新时期会计工作面临的形势和任务，抓住机遇、加强监管，努力开创会计工作的新局面。

### 一、新时期的会计工作现状

会计是一项经济管理工作，必须随着社会经济环境的变化而不断发展。从国内情况看，改革开放以来，特别是近几年以来，我国的社会主义市场经济不断发展，对会计工作提出了许多新的要求。比如，随着所有制结构的变化和投资主体的多元化、筹资活动的多样化，会计信息（也称会计资料）越来越成为社会各界关注的焦点。管理者、投资者、债权人、社会公众以及政府部门等会计信息需求者在改善经营管理、评价财务状况、考核经营业绩、做出投资决策、加强宏观调控等方面都注重运用会计信息，从而导致社会对会计信息在时效、质量等方面的要求大大提高。从会计国际化的发展趋势看，近年来，各国会计准则制定机构以及国际性会计组织均致力于会计标准的国际协调。为了适应会计国际化发展的需要，国际会计准则委员会已对组织机构进行了相应的改动，重新调整了工作目标，并加快了国际财务报告准则的建设步伐。澳大利亚、俄罗斯、欧盟等国家和地区被经济利益所驱使，已采用国际财务报告准则。亚洲的日本、韩国也重建了会计准则制定机构，并按照国际会计准则的要求制定本国的会计准则。随着我国加入世界贸易组织以及国际经济一体化进程逐步加快，我国也积极参与到会计的国际协调中。

从会计工作的实际情况看，当前会计工作在不断改革与发展过程中，还突出存在着一些问题。这主要表现在以下方面。第一，假账泛滥，会计信息失真，出现严重的会计诚信危机。一些单位为了小团体利益，在会计数据上做文章，假账真算、真账假算，造成账实不符，虚盈实亏或虚亏实盈，最终达到转移国家资产、偷逃国家税款、粉饰经营业绩等非法目的。国内证券市场出现的蓝田股份、黎明股份等案例，更为会计诚信敲响了警钟。第二，单位负责人违法干预会计工作。一些单位负责人授意、指使、强令会计人员伪造、变造会计凭证、会计账簿，提供虚假的财务会计报告，以牟取私利。受虚报浮夸风的影响，一些地区和部门的领导人也指使、暗示下属单位编制虚假会计报表，以达到粉饰领导政绩的目的。第三，会计人员的执法环境差，会计监督弱化。《中华人民共和国会计法》（以下简称《会计法》）赋予了会计人员监督本单位经济活动的职权，但由于会计人员是单位负责人领导下的工作人员，其经济利益直接由单位负责人所掌握和决定，会计人员无法真正行使监督权。如果会计人员坚持原则，往往会受到单位负责人和其他方面的阻挠、刁难甚至打击报复。由于打击报复会计人员的手法隐蔽，处理起来难度较大，政府部门也没有行之有效的措施来保障会计人员依法行使其职权，许多问题不了了之，严重挫伤了会计人员严格执法的积极性。有些单位的会计人员受个人利益驱使，或者丧失原则、失职失察，或者知情不举、共同作弊，或者监守自盗、以身试法。其结果是，大量违法违纪的经济活动顺利地通过了会计这一"关卡"，国家和社会公众利益受到严重损害。第四，会计基础工作和内部控制制度薄弱。一些应当建账的单位不建账或账目混乱，不按制度规定设置会计科目、使用凭证和账簿、编制会计报表等；一些单位内部管理混乱，财务收支失控，私设"小金库"，账外设账，单位负责人滥用职权、以权谋私等。第五，新的会计制度实施不够理想。《企业会计制度》及相关会计准则的实施面过窄，相当部分的企业，没有严格执行新制度，新制度所规定的各项会计政策也没有完全执行到位。第六，会计人员的整体素质还不能完全适应会计改革的要求。培养会计人员的政治素质和业务素质，对会计改革和经济发展具有重要作用。随着会计改革的逐步深入，法规制度体系的逐渐完善，知识更新步伐的加快，尤其是新准则、新制度的颁布实施，对会计人员职业判断能力的要求越来越高。值得注意的是，我们许多的会计人员，距离会计改革与发展的要求还有较大差距，这形成了新会计制度实施中的一个重要障碍。同时，当前会计人员参与"会计造假"，涉嫌经济犯罪的案例也不鲜见。

## 二、未来会计改革的任务和趋势

经济发展和会计国际化发展对会计工作提出的新要求以及会计实际工作中存在的问题，都要求进一步加快会计改革和发展，健全和完善会计监管机制，加强会计监管。"不做假账"是《会计法》的基本立法宗旨，也是加强会计监管的首要目标。同时，会计监管工作是经济管理和财政管理的一项基础性的工作，也是一项综合性的工作。因此，各级财政部门的会计管理机构应与时俱进、找准定位，切实加强会计监管，着力建立、健全和完善会计监管机制。

### （一）以内部控制制度建设为重点，建立"不做假账"的内部制约机制

内部控制是指单位为了保证各项业务活动的有效进行、确保资产的安全完整、防止欺诈和舞弊行为、实现既定管理目标而制定和实施的一系列具有控制职能的方法、措施和程序。众所周知，健全和完善内部控制制度，可以借助组织结构控制、授权批准控制、会计系统控制、预算控制、财产保全控制、风险控制、内部报告控制、电子信息系统控制等一系列的方法，对单位的货币资金、筹资、采购与付款、实物资产变动、成本与费用、销售与回款、对外投资、担保抵押、收益分配等各种各样的经济活动实施严格的控制。因此，规范单位会计行为，保证会计信息的真实和完整，离不开内部控制制度。

财政部颁布实施内部控制的规范，各级财政部门的会计管理机构应牢牢把握时机，制定具体的工作规划和实施方案，明确目标要求和方法步骤，并切实加以实施。

### （二）以《会计法》为依据，建立完善的"管人"机制

根据目前的情况来看，建立完善的"管人"机制，是确保"不做假账"的关键所在。所谓"管人"，一是要管住单位负责人；二是要管住会计人员。

明确单位负责人的法律责任，是《会计法》的亮点之一，也确实抓住了问题的关键，不仅财政部门要行动起来，其他部门和人员也要有这种意识和行动。如组织人事部门、出资者及其代表机构等等，凡是对单位负责人能够起到影响作用的，都应该把本单位的会计信息质量和《会计法》的执行情况与单位负责人的管理结合起来，建立、健全监督单位负责人的各种措施。例如，针对单位负责人的考核制度、年薪制等激励机制，也要与其所负责的单位的会计信息质量结合起来，只有多管齐下，才能真正发挥作用。

管好会计人员是"不做假账"的基础。关于会计人员的管理，一是要进一步严格会计从业资格管理，严格会计准入机制。二是要在会计人员管理体制上

进行更深入的研究，进行不断的探索和创新。推行会计委派制是一个比较可行的办法，但是，后续管理要跟上。另外，需要研究的是，对于不太适宜实行委派制的单位，应该如何管理会计人员。

对于企业来讲，应尽快建立完善的现代企业制度，合理安排股东大会、董事会、监事会、经理层之间的关系，构建科学的内部管理体制，进行多种形式的监管人员外派尝试，都是管好单位负责人和会计人员的有效方式。

### （三）以多方通力协作为保障，建立检查和处罚的联动机制

加强检查，加大处罚力度，处理事和处理人相结合，是贯彻实施《会计法》和治理假账现象的重要一环。只要各级财政部门认真去做，检查必将起到很好的警示教育作用。

在《会计法》执行情况检查和实施相应的处罚过程中，需要各个方面相互配合，共同努力。第一，财政部门要与审计部门、税务部门、纪检监察部门、司法机关密切合作。第二，在财政部门内部，会计管理机构要与监督检查机构和有关业务机构通力合作，从而建立联动机制，确保各个方面、各个部门都能把《会计法》的贯彻实施作为自己开展工作的手段。

### （四）以诚信建设为核心，建立强有力的社会监督机制

信用体系是现代市场体系建设不可或缺的重要内容。会计诚信涉及面很广，既涉及注册会计师，又涉及企事业单位的会计人员，还涉及企事业单位领导者等。加强会计诚信建设，需要建立单位内部监管、社会监管和政府监管三位一体、有机结合的会计监管体系。单就社会监管而言，既要充分发挥社会公众舆论和新闻媒体的监督作用，又要充分发挥会计师事务所、资产评估机构、税务师事务所等中介机构的作用。

为理顺注册会计师行业行政管理体制，明确界定和分离行政管理职能与行业自律职能，加强对注册会计师行业的监管，财政部2002年决定，将原委托注册会计师协会行使的对注册会计师行业监管的行政职能收归财政部门行使。以此为契机，财政部门应当按照相关规定和依法行政的要求，统一思想认识，加强和规范对注册会计师行业的监管，认真履行会计师事务所的审批工作，对违法的会计师事务所和注册会计师实施行政处罚。注册会计师协会应当牢固树立其服务意识，加强自律性管理，进一步增强注册会计师的独立性，维护注册会计师的合法权益，提供专业支持和法律援助等，促使注册会计师独立公正执业，并使行业健康、顺利发展。

**（五）以法治与德治相结合为手段，建立会计人员道德约束机制**

具有较高的道德水准是文明社会的标志。在大力加强社会主义法制建设的同时，也必须注重社会主义道德建设。整顿会计工作秩序，保证会计信息真实可靠，既要依靠《会计法》的强制措施，也要有良好的会计职业道德作为保障。新修订的《会计法》第39条中明确规定："会计人员应当遵守职业道德。"加强会计职业道德建设，不仅仅是道德建设和精神文明建设的需要，也是遵守和执行《会计法》的需要。

第一，必须加强会计职业道德规范建设。会计法律规范和会计职业道德规范的作用是互补的，两者相辅相成、缺一不可。应该按照社会主义道德的一般观念，针对会计工作的基本特点，明确能够反映人们的道德关系和道德行为的善恶、公正、责任、义务、良心、荣誉、幸福等基本的会计职业道德范畴。站在会计职业的角度，将这些范畴的基本含义会计化，制定内容深入、具体，具有可操作性及指导性的会计职业道德准则，对于人们正确地评价具体的会计行为，以及会计人员更好地遵循会计职业道德的原则和标准，都具有非常重要而深刻的意义。

第二，在加强会计职业道德规范建设的基础上，必须加强会计人员的职业品德培养。一是由政府、社会、会计组织等通过言教、身教、奖惩、树立榜样等方法对会计人员进行职业道德教育；二是会计人员职业道德修养的培养，即采取种种措施，促使会计人员通过学习、立志、躬行和自省等方法进行自我品德的培养。

在会计法制建设已经取得了丰硕成果的基础上，通过努力加强会计职业道德建设，我国可以形成既有法规又有道德标准的健全的会计工作规范体系。

## 第二节　会计制度建设与会计改革的关系

会计作为一门专门技术和社会科学，既有技术、方法等方面的共同性，也与特定的社会经济环境相联系。随着我国社会主义计划经济向市场经济转变，会计的外部环境和内部环境，包括投资主体、经济利益分配、政府管理职能等都发生了巨大的变化。因此，会计必须不断进行改革。会计改革要符合我国的国情和实际情况，逐步建立起既适合社会主义市场经济，又具有中国特色的会计方法、会计法规和会计理论体系。

## 一、会计制度建设是我国会计改革的有效方式

要解决我国经济转换中遇到的问题，就必须适时地制定和发布具体会计准则与会计制度，指导和解释会计实践，解决会计改革中出现的问题，使会计工作有法可依、有章可循，以此来保证会计工作的顺利进行。

众所周知，我国处在经济转型时期，面临许多发达经济国家不曾面临或遇到的新情况和新问题。对此，我国在立足国情的基础上，借鉴国际会计准则的最新研究成果，创造性地开展工作，及时制定和颁布了《会计法》《企业会计制度》及一系列具体的会计准则，保障了社会主义市场经济的正常运行，保证了会计改革的顺利实施。

## 二、会计制度也是会计改革的成果

会计制度是财经方针、政策和经济发展状况的综合体现，探索适应经济发展要求的会计制度，始终是我国会计改革的重要内容。改革开放以来，为了顺应经济体制改革和经济对外开放的需求，财政部进行了一系列的会计改革。这些会计改革将建立中国会计准则体系作为改革目标，并有计划地稳步实施。目前，我国基本建立起了与当前市场经济相适应的，以《会计法》和《企业会计制度》为核心的会计法规体系。但随着市场经济的进一步发展，新的市场要素、新的市场工具、新的经济成分、新的经济现象、新的经济法律关系等不断出现，有必要对会计法规体系加以补充、调整和完善。从1978年到1992年，我国会计法规体系从各方面进行了恢复整顿，并进行了一些适度性的改革。特别是进入20世纪90年代以后，我国市场化改革进程明显加快，会计制度的改革也进入了新的阶段。1991年，财政部发布了《会计改革纲要》提出要建立包括基本准则与具体准则的会计准则体系。1992年财政部制定了《会计改革与发展纲要》，提出要建立与社会主义市场经济相适应的会计模式。1992年5月财政部发布了《股份制试点企业会计制度》，修订发布了《外商投资企业会计制度》。1992年11月，财政部发布了《企业会计准则》《企业财务通则》，并先后出台了13个行业的会计制度和财务制度（包括工业、商业、交通运输业、建筑业等），实现了会计制度在形式上与国际惯例的接轨。随着市场经济的发展，新的问题不断出现，财政部陆续出台了一些具体准则和会计制度。1997年《关联方关系及其交易的披露》发布，1997年1月1日开始实施，琼民源事件的发生促进了这一准则的出台。随着资本市场的完善和迅速发展，1998年，财政部修订并发布了《股份有限公司会计制度》。同时，为适应市场化的要求，我国开始对会

计师事务所进行全面的脱钩改制，借鉴国际惯例，建立规范的会计师事务所组织。1998年以来，财政部陆续发布了"投资""收入""债务重组""建造合同""资产负债表日后事项""现金流量表""会计政策、会计估计的变更及会计差错的更正"七项具体的会计准则。之后，财政部又发布了"非货币性交易""或有事项""无形资产""借款费用""租赁""中期财务报告""固定资产""存货"等具体会计准则。

### 三、推动会计准则的规范化和国际化进程是会计改革的重点

经济全球化和国际资本市场一体化已经成为当今世界经济发展的潮流，任何一个国家要发展，必须将本国经济融入世界经济。会计作为国际通用的商业语言，也必须顺应这一潮流，向国际化的方向发展。2001年，中国加入世界贸易组织（WTO），标志着中国的对外开放进入了一个新阶段，中国将在更大范围内和更深程度上参与国际合作。加入WTO后，中国对外贸易的步子将迈得更大，我们也将不得不融入国际市场，遵守国际惯例。同时，我们的对外融资、对外投资等一切活动也将面临更多的挑战。立足中国会计改革的实际情况，放眼国际会计协调发展的美好前景，我们必须建立和完善中国会计准则体系，大胆地借鉴国际会计准则，进一步与国际会计准则相协调。

## 第三节 会计制度应遵循的原则和应特别考虑的环境因素

在会计制度建设和会计改革的过程中，必须有贯穿始终的原则和需要特别考虑的因素。只有充分考虑了这些因素、遵守了这些原则，才能制定出切实可行的会计制度，会计改革也才能顺利进行。

### 一、会计制度应遵循的原则

#### （一）适应性原则

会计制度建设和会计改革必须与经济改革相适应。自1978年以来，我国实施了经济体制改革和对外开放政策，经济领域发生了深刻的变化，而我国会计实务规范的改革，就是以此为基本条件的。近年来，我国的会计顺应经济体制改革进行了相应的改革。从20世纪80年代初的中外合资经营企业会计制度，到90年代初"两则两制"（即《企业会计准则》《企业财务通则》《企业会

计制度》《企业财务制度》)的实施,直至近年来一系列具体会计准则以及《会计法》《企业财务会计报告条例》的颁布,都体现出会计制度建设和会计改革应适应经济改革发展的需要。

### (二)针对性原则

会计制度建设以及会计改革必须针对当今会计出现的问题,主要是针对我国资本市场发展过程中在会计方面出现的不规范行为,同时也应针对资本市场以外的企业,包括一些国有企业实际存在的资产虚增、利润虚增的情况,从会计政策和会计制度的角度规范资本市场,促进企业发展。

### (三)渐进性原则

制度受制于一定的社会经济条件。会计改革不是一蹴而就的,要按照循序渐进的方式进行,这是由我国国情所决定的。会计对经济的发展虽然起着十分重要的作用,但从深层次上看,会计的发展始终依赖于经济环境的变化,会计制度作为经济制度结构中的组成部分,处于"配角"地位,高度依赖于其他制度的安排。在我国经济体制转轨的过程中,会计制度必须服务和服从于整个经济体制改革的要求。而我国整个经济体制改革是按照渐进的方式进行的,这就决定了会计制度变迁也只能是渐进的。因此,期望在短期内使我国所有会计原则、会计程序和方法都达到一种理想状态,是不现实的。

### (四)统一性原则

《中共中央关于国有企业改革和发展若干重大问题的决定》(1999年9月22日中国共产党第十五届中央委员会第四次全体会议通过)要求建立、健全全国统一的会计制度。

随着我国社会主义市场经济的形成,资本市场的进一步发展,广大信息使用者对企业会计信息提出了更高的要求,其中之一就是会计信息的可比性。而我国在1998年以前,不同性质的企业实行不同的会计制度,即一般企业和外商投资企业分别执行分行业的会计制度和外商投资企业会计制度,同时执行现金流量表、债务重组和或有事项三个具体会计准则,而股份有限公司执行《股份有限公司会计制度》和十个具体会计准则。由于不同性质的企业实行不同的会计制度,而不同的会计制度所采用的会计政策又不同,造成了行业内各企业之间信息的不可比性。同时,由于出现了许多新型行业,简单套用现行分行业的会计制度,不能真实地反映这些企业的财务状况和经营成果。因此,必须建立一个统一的会计制度,使所有的企业遵循一致的原则,增强会计信息的可比性。

### (五) 政策性原则

制度作为一种社会机制，常常是通过界定个人或组织的行动空间及其责、权、利关系，直接约束利益主体的行为来实现对人与人之间利益关系的调节功能的。因此，会计制度的制定是相关各方利益冲突条件下的一种公共选择过程。在我国现阶段，国有经济仍占主导地位，政府在我国的经济生活中扮演着重要的角色，必须坚持以国家为主导开展会计制度建设和会计改革工作。党和国家的路线、方针、政策是依据一定的历史条件，从全体人民利益出发，按照客观规律的要求所制定的行为准则，是一定历史时期内组织各项工作的依据。党和国家的路线、方针、政策体现在会计制度的各项规定中，便得以具体化。通过会计制度的制定和施行，可以保障党和国家的路线、方针、政策的顺利实施。原因主要有两点。①制度遗产。制度的制定本身也是一种制度安排。我国长期实行计划经济体制，制度供给主体角色一直由政府充当。特别是在会计制度方面，无论是全国统一的会计制度，还是行业性、地区性的会计制度都由政府有关部门制定。制度制定程序本身作为一种制度安排，已经为社会所接受，况且这一制度安排已在《会计法》中明确规定。②政府作为会计准则的供给主体可以保证该准则的权威性和时效性。

## 二、会计制度应特别考虑的环境因素

### (一) 国内的环境因素

会计无论作为经济管理的重要组成部分，还是作为一个信息系统，其存在与发展必须与其所处的社会政治经济文化环境相适应。会计制度建设和会计改革也不例外，主要受以下因素的影响。

第一，我国特有的文化环境。文化环境可定义为存在于人类主体周围，为人类主体所创造又影响人类主体活动和发展的各种精神文化的总和，由哲学、艺术、科教、宗教、道德意志、思想观念、民族心理、风尚习俗等要素组成。显而易见，文化环境对于人类个体和群体有着塑造和整合的功能。中国历经几千年的发展，形成了特有的文化环境。概括来说有以下几个特点。一是中国传统文化的重要特征是"忠孝"思想。这一特征往往表现为国人思想观念深处明显的"尊上"倾向。二是我国自古以来奉行的都是先社会价值后个人价值的价值取向，认为只有在实现了社会价值的基础上，个人价值才能得到体现，即集体利益至上的价值观。三是我国的思维结构偏好形象思维和直觉思维，不注重严密论证,习惯从整体到具体的思维程序和方法。四是我国历来重道义、轻功利,且"重名轻实",即强调体系、结构与层次,倾向于追求形式上的完美主义,但对功能、内容以及是否实用等方面往往重视不够。五是我国崇尚合作,强调"礼之用,和为贵""为政以德",重人伦情感。

第二,我国的法律环境。众所周知,我国是一个成文法国家。成文法的特点是,体系完整,规定明确,具有强制性。长期以来,我国的财务会计规范对会计实务的要求比较注重合法性和合规性,而给专业判断留有的余地很小甚至没有,会计人员也习惯于"照章办事",对专业判断较为陌生。

第三,政治和经济环境。政治是经济的集中表现,政治权力不过是用来实现经济利益的手段,这是一条马克思主义的真理。财政部会计司原司长刘玉廷也曾指出"政府行为对会计的影响是十分巨大的"。在我国经济体制改革过程中,政府一直是推动改革的发动机。会计改革主要是适应我国经济体制改革的需要而展开的,推动改革的主要力量仍然是政府。如1982年9月,党的十二大总结了十一届三中全会以来改革开放的经验,提出了"计划经济为主,市场经济为辅"的方针,实现了对传统计划经济理论的首次突破,出现了股份制。从1984年起,上海不少企业纷纷向职工集资,有的用于与乡镇企业联营,有的用于兴办第三产业。为了规范如雨后春笋般出现的股份制企业及其集资行为,1984年7月,中国人民银行上海市分行制定了《关于发行股票的暂行管理办法》,同年8月10日,由上海市人民政府批准并颁布。这是中国改革开放后的第一个有关股票发行和交易的地方法规。到1986年年底,上海共有符合该法规要求的小型股份制企业807家。这些股份制企业都是内部集资,所发行的股票不能上市流通,持股者均为本企业职工或关联企业职工,发行股票的动机主要是提高职工福利待遇,且职工对本企业或关联企业的经营情况也很熟悉,因此股东对会计信息并无需求。此时,股份制企业虽已建立,股份制企业会计制度却未建立。当时规定只有新办集体企业才能发行股票,所以这些股份制企业仍沿用计划经济体制下统一的集体企业会计制度。之后随着股票市场的诞生和发展,集体企业会计制度已不能满足需要,股东权益无法单独列示,资本保全根本无从谈起。投资者要求上市公司维护股东权益,按现代企业制度要求披露会计信息的呼声越来越高。因此,财政部颁布了《股份制试点企业会计制度》。从上述例子中,我们可以看出,会计制度建设和改革必须适应政治和经济的发展需要。

(二)国外的环境因素

经济日益全球化要求会计标准国际化。世界贸易的飞速发展和全球资本市场的流动及其令人瞠目的交易量和影响力,将世界上的国家都纳入世界经济的一体化进程中。在今天,任何一个国家如果要脱离世界贸易市场和资本市场谋求自身发展是难以想象的。同样,任何一个国家或者地区发生的经济动荡,也会对世界上其他国家或者地区产生影响。经济全球化和国际资本市场一体化已经成为当今世界经济发展的潮流,任何一个国家要发展,必须将本国经济融入世界经济。会计作为国际通用的商业语言,也必须顺应这一潮流,向国际化的方向发展。会计在经济全球化的过程中自然也扮演着越来越重要的角色,市场的各个参与者也对其提出了越来越高的要求。会计信息已经成为各市场主体达成市场交易的重要媒介。相应地,会计信息质量(尤其是会计信息的透明度和可比性)也直接影响着市场交易质量,影响着全球资源的有效配置。

国际会计准则委员会制定的国际会计准则,由于是由民间机构制定的,并没有强制约束力,所以世界上大多数国家都有其本国制定的会计标准,这些会计标准之间存在着不同程度的差异。相应地,根据这些会计标准提供的会计信息自然也存在差异,从而影响到这些会计信息的可比性和有用性。比如,1993年德国戴姆勒-奔驰公司拟在纽约证券交易所上市时,发现公司按照德国会计标准编制的财务会计报表显示是盈利的,而按照美国会计标准编制则是亏损的。显然,如果不调整两者之间的差异,很有可能会对会计信息使用者的决策产生误导。而要在国际投资、融资或者国际贸易中,经常性地调整各国会计信息之间的差异,又会大大增加交易成本,不利于经济效率的提高和经济的全球化。因此,从这个角度上讲,建立全球通用的会计标准,推进会计标准的国际化,为全球经贸往来和资本流动减少或者消除"语言"上的障碍,毫无疑问是经济全球化的必然要求。而电子信息技术革命为会计和会计标准国际化提供了技术支持。

会计标准国际化的实质是,各国的利益之争推进会计标准的国际化。减少各国会计标准之间的差异,可以增强各国企业提供的会计信息的可比性,从而降低在国际资本市场上投资、融资的企业和国际资本提供者的资金成本以及国际贸易参与者的交易成本。从这一点上看,会计标准的国际化,对于在海外发行股票、债券或者从事国际贸易的企业而言是一项相当有益的事情。比如,早在改革开放初期,我国为了吸引外资,借鉴国际会计惯例制定了《中华人民共和国中外合资经营企业会计制度》,为外资源源不断地流入中国发挥了积极作用。尤其是我国加入 WTO 后,会计体系将发生重大变化。首先,会计服务市场将受其极大影响。例如,WTO 框架下的《服务贸易总协定》(GATS)是一项服务部门国际化的综合性文件。该协定通过一系列规则来解决各国包括会计服务在内的服务业对外国投资的管制，并消除了市场准入的歧视性壁垒，增强了有关资格承认管理规则的透明度，以保证外国或与外国合作的事务所享受与东道国同行同等的权利，此时成员国将被要求采取措施在颁发执照的要求等方面达成一致意见，以推动会计服务贸易。其次，我国会计界将更多受到国外会计研究成果的影响。西方国家现代会计的发展历程和研究的众多成果适合成熟市场经济的要求，我国在向市场经济过渡的进程中，无疑将受到成熟市场经济体制下的会计研究成果和实务的渗透。最后，我国的会计制度将受到国际规则的更多制约，从而影响我国会计制度的变迁。加入WTO意味着我国企业要遵循国际惯例开展经济活动，而会计作为国际通用商业语言，所起的信息中介作用十分重要，但是其作用的正常发挥又受到会计制度的影响，加入WTO将会促使我国会计制度发生一些变化。

毫无疑问，在当今世界，随着经济的日益全球化和信息技术革命的加速，会计标准的国际化已是大势所趋，潮流所向。但是，我们也应当看到，会计标准的国际化绝不是一个国家或者地区所面临的课题，更不是中国一个国家所面临的课题，而是全球各个国家所面临的共同课题。在全球范围内，各国会计标准之间及其与国际会计准则之间均存在着不同程度的差异。这些差异的产生，有些是由各个国家不同的社会经济特征所决定的，有些是由各个国家不同的文化法律传统所决定的，也有些是由国际会计准则本身存在的一些技术性缺陷所造成的。因此，要消除这些差异，各个国家，包括国际会计准则委员会都需要做出不懈努力，而这将是一项十分艰巨、复杂乃至漫长的任务。

# 第三章　会计法律制度体系及改革

## 第一节　会计法律制度体系

为有效地保证市场经济的健康发展，我国政府十分重视会计法律制度体系建设。改革开放至今，我国的会计法律制度体系建设取得了令人瞩目的成就，基本形成了以《会计法》为主体的比较完整的会计法律制度体系。

### 一、我国法律规范的层次

按照法律的构成、制定机关和效力的不同，我国法律可分为下述五个层次。

#### （一）宪法

宪法由全国人民代表大会制定。宪法规定了国家的根本制度和根本任务，是国家的根本大法，具有最高的法律效力。

#### （二）法律

法律的范围有广义、狭义之分。广义的法律包括所有由国家制定、认可的法律规范，即等同于法；狭义的法律仅指由国家最高权力机关——全国人民代表大会及其常设机构——全国人民代表大会常务委员会制定的规范性文件。此处所讲的法律是狭义的概念，即由国家最高权力机关及其常设机构制定的规范性文件。其具有仅次于宪法的法律效力，是制定其他规范性文件的基本依据。

#### （三）行政法规

行政法规是由国家最高行政管理机关——国务院制定、发布的规范性文件，通常以条例、办法、规定等具体名称出现。其地位仅次于宪法和法律，是一种重要的法的形式。

**（四）地方性法规**

省、自治区、直辖市的人民代表大会及其常务委员会，在与宪法、法律和行政法规不相抵触的前提下，可以根据本地区情况制定、发布规范性文件，即地方性法规。根据规定，实行计划单列管理的计划单列市和经济特区的人民代表大会及其常务委员会在宪法、法律和行政法规允许的范围内制定的规范性文件，也应当属于地方性法规。

**（五）规章**

国务院各管理部门和地方人民政府在其职权范围内依法制定、发布的规范性文件为规章。规章的效力低于宪法、法律和行政法规。

## 二、我国的会计法律制度体系构成

我国的会计法律制度体系由会计法律、会计行政法规和会计规章构成。

**（一）会计法律**

会计法律是调整我国经济生活中会计关系的法律总称，即1985年1月21日第六届全国人大常委会第九次会议通过、根据1993年12月29日第八届全国人大常委会第五次会议《关于修改〈中华人民共和国会计法〉的决定》修正、1999年10月31日第九届全国人大常委会第十二次会议修订的《中华人民共和国会计法》。《会计法》对企业的会计核算做出了基本规定。该法要求企业根据实际发生的经济业务事项，按照规定确认、计量和记录资产、负债、所有者权益、收入、费用、成本和利润。同时，该法还对企业容易发生的会计信息失真、失实等现象进行了禁止性规定。比如，规定企业不得虚列、多列、不列或少列资产、负债和所有者权益；不得虚列或隐瞒收入，不得推迟或提前确认收入；不得编造虚假利润或者隐瞒利润；不得随意改变费用、成本的确认标准或者计量方法。

**（二）会计行政法规**

会计行政法规是指调整我国经济生活中某些方面会计关系的法律规范。会计行政法规由国务院制定发布，或者由国务院有关部门拟定经国务院批准发布，制定依据是《会计法》，如《企业财务会计报告条例》。国务院制定发布的《企业财务会计报告条例》是对《会计法》中有关财务会计报告的规定的细化。该条例要求企业负责人对本企业的财务会计报告的真实性和完整性负责；强调任何组织或者个人不得授意、指使、强令企业编制和对外提供虚假的或者隐瞒重要事实的财务会计报告；规定有关部门或机构必须依据相关法律法规，索要企业财务会计报告。此外，该条例还对违法和违规行为应承担的法律责任进行了明确规定。

### （三）会计规章

会计规章是指由主管全国会计工作的行政部门——财政部就会计工作中某些方面的内容所制定的规范性文件。国务院有关部门根据其职责制定的会计方面的规范性文件，如实施国家统一的会计制度的具体办法等，也属于会计规章，但必须报财政部审核批准。会计规章的制定依据是会计法律和会计行政法规。企业会计准则和会计制度是根据《会计法》和《企业财务会计报告条例》拟定的用于规范企业会计核算的标准，是由财政部制定并公布的。

## 第二节 《会计法》的地位、作用及改革的主要内容

1985年1月21日，第六届全国人民代表大会常务委员会第九次会议通过了《中华人民共和国会计法》，自1985年5月1日起施行。1993年12月29日，第八届全国人民代表大会常务委员会第五次会议通过了《关于修改〈中华人民共和国会计法〉的决定》，自公布之日起施行。1999年10月31日，第九届全国人民代表大会常务委员会第十二次会议再次对《会计法》进行了修订，并发布了第二十四号主席令予以公布，自公布之日起施行。认真学习贯彻《会计法》，对于规范会计行为，保证会计资料真实、完整，充分发挥会计工作在加强经济管理和财务管理、提高经济效益、维护社会主义市场经济秩序中的作用等方面，具有十分重要的意义。

### 一、《会计法》的地位及作用

《中华人民共和国会计法》简称《会计法》（1999年10月31日修订，2000年7月1日起施行）是会计工作的根本大法，是我国会计法律体系的最高层次。其第八条规定："国家实行统一的会计制度。国家统一的会计制度由国务院财政部门根据本法制定并公布。"

我国会计工作存在着会计信息失真、会计基础工作和内部控制制度亟待进

一步加强、单位负责人违法干预会计工作等问题。《会计法》针对上述问题，以法律的形式规范了会计行为，使会计工作有法可依，保证了会计信息的真实、完整，保证了会计核算的质量，加强了经济管理和财务管理，提高了经济效益，维护了社会主义市场经济秩序。《会计法》的实施，对于促进经济的持续发展，加强经济管理，提高经济效益，防止腐败，保持廉洁有着十分重要的意义。

### （一）会计工作规范化，必将保证会计核算质量

《会计法》不仅对会计基础工作逐条、逐项加以规范，而且对公司、企业会计核算提出特别的要求，使所有单位的会计处理不再随心所欲，使经济业务当事人时时刻刻处于法律规定的要求之中，从而使会计工作有法可依，保证会计核算的质量。

### （二）会计监督体系化，必将维护经济建设正常秩序

内部监督、国家监督、社会监督构成了《会计法》中完整的会计监督体系。监督者必先受监督。《会计法》对监督者提出了"依法监督"的严格要求及其他应该履行的种种义务，体现了监督者和被监督者在实施监督过程中的平等地位。这必然会发挥会计监督的强大作用，给违法乱纪者以强有力的遏制，从而维护社会主义市场经济的正常秩序。

### （三）责任主体一元化，必将使会计工作更加顺畅

《会计法》将单位负责人作为单位会计工作的责任主体，并且在附则中对单位负责人的概念加以明确界定。单位负责人贯彻执行会计法，加强对会计工作的领导，使企业财务工作更加规范。

### （四）会计打假强硬化，有利于解决会计信息失真的问题

《会计法》第一条就提出"保证会计资料真实、完整"，把会计资料的真实、完整作为立法宗旨。会计资料真实、完整的对立面是会计资料的虚假。《会计法》的条款中显示出打击虚假会计资料的威严。

### （五）法律责任具体化，使违规、违法者自食其果

《会计法》在法律责任方面的规定既有对会计人员违规、违法行为的惩治条款，也有对单位负责人违法行为的惩治条款，还有对财政部门及有关行政部门的工作人员违法的惩治条款。这些条款具体、明确、严格，具有极强的针对性和可操作性，无疑是挡在违法乱纪者面前的屏障，倘若有人违法，必将受到

法律的严厉惩罚。

**（六）会计人员复合化（型），提高了会计队伍素质**

《会计法》把会计人员职业道德和继续教育写入了法律条文，规定了对会计人员的保护措施，说明了党和国家对会计队伍建设的重视。会计人员在社会主义市场经济建设的过程中任重道远。《会计法》中的有关规定，必将使会计人员加强职业道德修养，提高专业知识水平和相关知识水平，提高政治素质，使更多复合型会计人才脱颖而出，迅速建设起一支高素质的会计队伍。

**（七）会计工作国际化，必将有利于我国参与国际竞争**

《会计法》在许多方面采用了国际惯例，使我国会计工作向国际会计准则靠拢。加入WTO之后，新《会计法》将推动我国会计工作在改革中发展，在国际竞争中显露头角。

## 二、《会计法》改革的主要内容

新《会计法》与1993年修订的《会计法》相比较，条款由原来的30条增至52条。内容上除了"会计年度"这一条未做任何变动外，其他条款都做了增补或修改。具体来看，新《会计法》有五大变化值得关注。

**（一）明确规定了单位负责人为本单位会计行为的责任主体**

新《会计法》第4条规定："单位负责人对本单位的会计工作和会计资料的真实性、完整性负责。"第21条规定："单位负责人应当保证财务会计报告真实、完整。"第28条规定："单位负责人应当保证会计机构、会计人员依法履行职责，不得授意、指使、强令会计机构、会计人员违法办理会计事项。"第46条还规定了单位负责人对依法履行职责、抵制违反《会计法》行为的会计人员实行打击报复的应受到的行政处分和应承担的刑事责任。

规定单位负责人对会计工作负责，是此次修订《会计法》的重大突破之一。其改变了原《会计法》中单位负责人、会计人员和其他人员都是会计责任主体，要求大家都负责，而往往无人负责的尴尬局面，强化了单位负责人的会计责任。当前企事业单位普遍实行厂长经理负责制。会计人员直接受企业负责人的领导，并对其负责。会计人员的任命、晋级、工资和奖金等事项的决定权均掌握在单位负责人手中。有些厂长经理为了个人私利或小集团利益而指使或强迫会计人员做假账、报假数。在广大会计人员的工作中，迫不得已做假账的现象普遍存在。

事实上，会计人员不能对自己无法控制的会计工作负责，只有单位负责人才能够、也应该对会计工作负责。依据新《会计法》的规定，若企业出现违法乱纪的会计行为，应当首先追究单位负责人的法律责任。责任风险的加大必然促使单位负责人知法守法，一方面促使他们自觉摒弃授意会计人员造假的不法行为；另一方面促使他们更加注重企业会计工作的内部监督和控制，并采取积极措施，确保会计资料的真实完整。对于广大会计工作者而言，因为有了法律保障，他们能够放开手脚，秉公执法，严格按《会计法》和会计准则、会计制度等的要求从事会计工作。

### （二）会计核算的要求更加完善，并体现了与国际会计准则相衔接的特点

会计核算的要求更加完善是规范会计行为、提高会计信息质量的保证，也是此次《会计法》修订的重点。在新《会计法》第二章"会计核算"部分，对依法填制会计凭证、登记会计账簿、编制财务会计报告的程序和基本要求做了全面规定，对选用会计处理方法的一贯性和变更，以及会计记录使用的文字都做了明确规定。这些规定更符合现阶段市场经济的需要，比原《会计法》更科学规范。在目前的会计工作中，利用或有事项或关联方交易进行舞弊的案件时有发生，且呈增长趋势。为了规范这方面的会计处理，新《会计法》第19条借鉴国际会计准则对此做了规定："单位提供的担保、未决诉讼等或有事项，应当按照国家统一的会计制度的规定，在财务会计报告中予以说明。"该项规定体现了我国《会计法》与国际会计准则相衔接的特点。

### （三）体现了会计核算制度的相对独立性

新《会计法》对全国各类企事业单位都适用，实施面很广。与此同时，其又重点针对公司、企业的会计核算做了特别规定。新《会计法》第25条规定："公司、企业必须根据实际发生的经济业务事项，按照国家统一的会计制度的规定确认、计量和记录资产、负债、所有者权益、收入、费用、成本和利润。"

新中国成立以来，我国会计核算制度对其他法规制度特别是财务制度存在很大的依赖性。比如，对于固定资产的确认、固定资产折旧的计提、坏账准备的计提等，都是由财务制度而非由会计制度规定的。市场经济的发展要求打破计划经济体制下这种会计核算模式，建立起独立的会计核算制度。新《会计法》使会计核算制度相对独立，为会计职能的有效发挥提供了法律依据。在"公司、企业会计核算的特别规定"一章中，还针对会计造假的主要环节和手段，做出了具体的禁止性规定，明确了会计核算合法与违法的界限，对会计信息弄虚作

假的现象起到了警示作用。

### （四）进一步规范了会计监督制度

在企业内部监督方面，新《会计法》突出了对建立、健全企业内部控制制度方面的要求。该法第27条规定："各单位应当建立、健全本单位内部会计监督制度。"该条款还具体强调了会计分工和内部控制的各项要求。另外，新《会计法》还规定，单位应明确对会计资料定期进行内部审计的办法和程序。会计内部监督改变了原《会计法》规定的会计人员代表国家监督所在单位经济活动的做法，会计内部监督强调单位负责人对法律负责，会计人员和其他人员对单位负责人负责，这更符合当前企业的实际情况和国际惯例。

在社会监督方面，新《会计法》增加了注册会计师审计和财政部门对注册会计师审计质量实施再监督的内容，保证注册会计师审计这一会计中介服务有效发挥社会监督的作用。新《会计法》还特别重视群众监督。该法第30条规定："任何单位和个人对违反本法和国家统一的会计制度规定的行为，有权检举。收到检举的部门有权处理的，应当依法按照职责分工及时处理；无权处理的，应当及时移送有权处理的部门处理。收到检举的部门、负责处理的部门应为检举保密，不得将检举人姓名和检举材料转给被检举单位和被检举个人。"这条规定强调了社会主义国家中群众监督的重要性，也体现了保障实施监督行为的人民群众的合法权益的原则。

在政府监督方面，新《会计法》明确规定，财政部门为会计工作的监督检查部门。财政、税务、审计、人民银行、证券监管、保险监管等部门，依法对单位会计资料实施监督检查。为避免权责交叉、重复查账，该法还规定，"有关监督检查部门已经做出的检查结论能够满足其他监督检查部门履行本部门职责需要的，其他监督检查部门应当加以利用，避免重复查账"。三位一体的会计监督体系的建立，必将对保证会计工作质量、提高会计信息的相关性和可靠性起到积极作用。

### （五）加大了对违法乱纪行为的法律惩治力度

原《会计法》所规定的法律责任比较抽象，可操作性不强。在现实工作中，虽然会计人员违法行为屡有发生，但几乎没有一例因为违反《会计法》而受到惩治。新《会计法》在法律责任方面规定得更具体，加大了对会计违法行为的惩治力度，增加了行政制裁的形式和手段，具有很强的可操作性。其法律责任包括：对违法单位予以通报，处以罚款；对违法单位直接责任人处以罚款；对违法单位的国家工作人员给予行政处分等。罚款数额少则三千元,多则十万元,充分体现了利用经济手段打击经济违法犯罪行为的原则,对违法人员构成犯罪的还要追究其刑事责任。据悉,全国人大常委会还将在《中华人民共和国刑法》中增加打击会计犯罪的相应条款。

法律责任的明确,对保证会计法的实施,维护整个会计工作秩序有着十分重要的意义。要真正使《会计法》发挥其应有的作用,还必须认真地贯彻执行。新《会计法》的出台预示着我国会计行业已经走上了法制化建设的轨道,今后的财税工作也都将建立在法制的基础之上。新《会计法》的通过为我国会计发展史翻开了崭新的一页。

## 第三节 《企业财务会计报告条例》的颁布及主要突破点

企业财务会计报告是指企业对外提供的反映企业某一特定日期财务状况和某一会计期间经营成果、现金流量的文件。其所提供的信息,对于国家实施宏观调控、进行投资决策、加强经济管理和经济监督具有重要作用。但是,在实践中也存在着会计信息不受重视、企业财务会计报告形同虚设的问题。为了规范企业财务会计报告的编制,保证会计资料真实、完整,加强经济管理和财务管理,提高经济效益,维护社会主义市场经济秩序,2000年6月21日,国务院第287号令发布了《企业财务会计报告条例》,自2001年1月1日起在全国范围内实施。

### 一、《企业财务会计报告条例》的颁布

自1992年以来,我国在财务会计制度方面进行了重大改革,相继发布了《企业会计准则》《企业财务通则》以及13个行业的财务会计制度,并自1993年7月1日起开始实施。这些会计核算制度的改革,初步实现了我国会计核算模式从传统计划经济模式向社会主义市场经济模式的转换,为建立社会主义市场经济体制、促进经济发展、深化财税改革、建立规范的财政管理体制和运行机制、进一步扩大对外开放做出了重大贡献。但是,随着改革的深化和社会主义市场经济的发展,新的经济业务不断出现,上述会计核算制度的改革已经难以适应企业会计核算的变化和国家加强宏观经济调控的需要,因此,需要制定《企业财务会计报告条例》予以规范。

### (一) 会计法规体系的不断健全和完善，需要制定《企业财务会计报告条例》

1993年以来，我国对企业的财务会计核算制度进行了重大改革，并对会计基础工作、会计档案、代理记账、在职会计人员培训、会计证、会计电算化等问题制定了一系列规章、制度，基本实现了会计工作的有法可依。一些地方人大常委会、政府部门也根据当地会计工作的实际情况，制定了地方性的会计法规。例如，1994年6月，财政部发布了《代理记账管理暂行办法》，对不具备专职会计人员的小型经济组织和应当建账的个体工商户的建账问题做出了规定；1996年6月，财政部发布了《会计基础工作规范》，对所有独立核算单位的会计机构设置、会计人员配备、会计凭证填制、会计账簿登记、会计报表编制、会计监督、内部管理制度建设等做出了具体规定；1998年1月，财政部印发了《会计人员继续教育暂行规定》，从制度上确定了会计人员继续教育的指导思想、主要任务、管理体制、教育内容、教育形式、检查与考核方式等，使我国会计人员继续教育工作走上了法制化轨道。与此同时，我国还根据经济生活中出现的新问题，对会计核算制度进行了不断地修订和完善。例如，根据税制改革的内容，发布了有关所得税、增值税会计处理的规定；在汇率并轨后，相应补充完善了会计核算制度的有关内容；为适应企业集团加强会计管理的需要，制定了适用于所有企业的合并会计报表的暂行规定；为适应股份有限公司会计核算的特殊性，制定了股份有限公司会计制度。

1999年10月31日修订、发布，并自2000年7月1日起开始实施的《会计法》，明确规定企业财务会计报告由会计报表、会计报表附注和财务情况说明书构成，并对企业财务会计报告的编制要求、编制依据、提供对象和提供期限等做了总体要求。为配合《会计法》的实施，规范企业财务会计报告的编制和提供，作为其配套法规之一，需要制定相应的《企业财务会计报告条例》。

### (二) 会计信息质量的提高，需要重新定义企业财务会计报告的要素

管理就是决策，而决策离不开信息，企业管理离不开高质量的会计信息。无论是政府经济管理部门制定经济政策、进行宏观调控，还是股东、银行等投资者选择投资对象、衡量投资风险，都离不开会计信息的指导。但是，近年来，我国企业的财务会计工作在一定程度上存在着财务会计报告编制基础不实、资产利润数据虚假、报告报送不及时、违法行为处理不力等问题，导致假账泛滥、会计信息失真的问题日益严重。前些年，巴林银行倒闭、东南亚金融风波等，确实给我们敲响了警钟，数字失真给国家的经济生活带来的危害，绝对不可低估。

现行行业会计制度在资产、负债、收入、费用的确认和计量方面有悖于会计原则,造成的资产不实、虚盈实亏等现象,也是会计信息失真的重要原因之一。1993年以来的会计核算制度改革,虽然在企业财务会计报告的要素方面进行了一些改革,但是改革并不彻底,在某些方面还保留有计划经济体制的痕迹,无论是对企业财务会计报告要素的定义,还是在会计核算制度方面,都较多地站在国家的角度规范企业的会计核算行为,没有完全按照企业财务会计报告要素的性质、内涵加以准确地定义并进行相应地规范。要确保企业财务会计报告提供的信息真实和完整,就必须重新定义资产、负债、所有者权益、收入、费用和利润等企业财务会计报告要素,要求企业对会计要素进行正确的确认和计量。对于不符合会计要素的定义、不符合会计要素确认和计量标准的项目,不能在企业财务会计报告中加以反映。例如,在技术上已经被淘汰的机器设备,残次、陈旧的存货,由于其实物依然存在,所以现行的行业会计制度继续将其在资产负债表中确认为资产,但是,其实际上已经不能为企业带来未来的经济利益,所以不应继续将其在资产负债表中确认为资产。

### (三)经济生活中出现许多新的经济业务,需要《企业财务会计报告条例》进行规范

会计工作是与特定的经济体制密切联系在一起的。有什么样的经济体制和经济运行机制,就需要有什么样的会计政策及与其相联系的会计指标体系。当然,社会、文化、习俗、经济发展水平等因素也会对会计产生重大影响,而经济体制因素是最重要的。在改革开放以前,中国原有的会计核算模式是直接与计划经济体制相适应的。其主要特征是,没有独立的会计政策,资产计价、收益确认基本上取决于国家计划和财政政策。财政政策决定财务制度,财务制度决定会计的确认和计量,会计仅仅是按照财务制度的规定进行账务处理。这就是通常所说的"计划决定财政,财政决定财务,财务决定会计"的运行机制。在这种运行机制下,会计制度片面服从国家计划和财政、财务政策,会计制度本身缺乏科学性,许多会计政策不能真实地反映一个企业的财务状况和经营成果,造成企业资产不实、虚盈实亏。按所有制和行业分别制定会计制度,影响了会计信息的可比性。会计核算指标体系也不能满足市场经济条件下企业运行机制的要求。

随着市场经济的发展,企业由原来的国家拨款改为向银行贷款或从社会上直接融资,上市公司越来越多。期货业务、企业破产、企业合并、债务重组、或有事项等新的经济业务已经出现。此外,许多新兴的行业,如广告业、咨询业、

高科技企业、网络公司等，无法从现有的行业会计制度中找到其适用的会计制度。如果不制定新的会计制度进行规范，企业财务会计报告所提供的信息就不真实、不完整，就会误导投资者、债权人以及其他社会公众，导致经济秩序混乱。

**（四）所有权与经营权的进一步分离，需要制定《企业财务会计报告条例》进行规范**

改革开放以前，我国的企业主要是国家所有和集体所有，公有制占绝对优势。在这种情况下，企业经营者的主要目标是完成国家下达的各项计划指标，对企业财务并不十分关心。企业会计的主要任务是按照国家统一的会计制度进行会计核算，向国家提供企业财务会计报告。

党的十一届三中全会以来，我们党制定了以公有制为主体、多种经济成分共同发展的所有制结构政策，形成了公有制实现形式多样化和多种经济成分共同发展的格局。为了进一步完善我国的所有制结构，一方面，要大力发展包括国有经济、集体经济、混合所有制经济中的国有成分和集体成分在内的公有制经济；另一方面，要按照"产权清晰、权责明确、政企分开、管理科学"的要求，对国有大中型企业实行规范化的公司制改造，对国有企业实行改组、改造，使企业成为适应市场竞争要求的法人实体和竞争主体。所有制结构调整和完善以及私人资本的介入对企业财务会计报告的影响是多方面的。例如，在进一步完善企业财务会计报告提供会计信息的服务职能时，不仅需要考虑国家对国有企业的管理要求和信息需求，也需要满足对集体企业、混合所有制企业以及其他非公有制经济的管理要求和信息需求，提高不同所有制企业之间会计信息的可比性。又如，在国有企业改组、改造中，要通过科学合理地评估国有资产，及时解决与企业兼并、租赁、破产等有关的会计问题，切实规范国有企业的改革秩序，严格保护国有资产的安全，保证国有资产不致流失。所有这些问题，都需要通过制定《企业财务会计报告条例》进行规范。

**（五）政府部门职能转变为制定《企业财务会计报告条例》提供可能性**

改革开放以前，我国政企不分，企业是政府的基层组织，企业财务处理要视政府财政状况的好坏，不能真实反映企业盈亏。改革开放以后，政企分开，企业要成为独立的商品生产者和经营者，自主经营、自负盈亏，国家主要负责宏观调控、宏观管理。从税制改革上看，改革开放以前，会计政策和税收政策直接由国家财政政策决定，会计改革必然影响税收收入，进而影响国家财政收入。因此，会计改革几乎是不可能的。现在，税务上对资产计量和收入确认有自己的一套标准,企业在纳税时进行调整,会计改革不会影响财政收入。因此,会计改革有了可行性。

总之,会计法规体系的不断完善、会计信息质量的提高、所有制结构的变化和投资主体的多元化、筹资活动的多样化、政府部门职能的转变等,使得企业财务会计报告所提供的会计信息越来越成为社会各界关注的焦点。管理者、投资者、债权人、社会公众以及政府部门在改善企业经营管理、评价财务状况、考核经营业绩、做出投资决策、加强宏观调控等方面都注重运用企业财务会计报告所提供的会计信息,从而导致社会对会计信息在时效、范围、质量等方面的需求大大增加。与此相适应,会计信息生成、披露的标准必须做相应的调整。对于这些内容,都需要以法律形式确定下来,以规范会计行为,适应经济改革与发展的要求。所以,随着社会经济环境的变化和发展,需要不断完善会计法律制度,尤其需要不断完善作为我国会计工作根本大法的《会计法》的配套法规,以保证会计工作适应社会经济发展的要求,为社会经济发展服务。

## 二、《企业财务会计报告条例》的主要突破点

### (一)突出了保证企业财务会计报告的真实性、完整性的宗旨

企业财务会计报告的真实性是指,企业财务会计报告要真实地反映经济业务事项的实际发生情况,不能人为扭曲,使企业财务会计报告使用者通过企业财务会计报告能了解有关企业实际的财务状况、经营成果和现金流量。企业财务会计报告的完整性是指,企业提供的企业财务会计报告要符合规定的格式和内容,不得遗漏或者任意取舍,使企业财务会计报告使用者全面地了解有关单位的整体情况。

会计的基本职能是进行会计核算,实行会计监督。随着我国改革开放的深入和社会主义市场经济的发展,会计工作越来越渗透到经济活动的许多领域,企业财务会计报告也越来越成为政府管理部门、投资者、债权人以及社会公众进行宏观调控、改善经济管理、评价财务状况、防范经营风险、做出相关决策的重要依据。企业财务会计报告作为重要的社会资源和商业资源在社会经济发展和对外开放过程中发挥着越来越重要的作用。可以说,企业财务会计报告是否真实、完整,是衡量会计工作质量的标准;保证企业财务会计报告真实、完整,是会计工作的生命。所以,《会计法》也将"保证会计资料真实、完整"作为其立法宗旨。

## (二)重申企业负责人对本企业财务会计报告的真实性、完整性负责

企业负责人是指企业法定代表人或者法律、行政法规规定代表企业行使职权的主要负责人。企业负责人应当对本企业财务会计报告的真实性、完整性负责。单位负责人在不同的单位，其所指有所不同，如在国家机关，是指其最高行政官员；在社会团体、企业、事业单位，是指其法人代表等。就企业而言，无限责任公司的负责人为其执行义务人或者代表公司的股东；有限责任公司和股份有限公司的负责人为公司董事长。其中，有限责任公司不设董事会的，则执行董事为公司负责人。我国国有企业的负责人为厂长（经理）。此外，企业的清算人，股份有限公司的发起人等，在其职务范围之内，亦为企业负责人。需要说明的是，此处所指的企业负责人，并不是指具体负责经营管理事务的负责人，如公司制企业的总经理等。但这并不表明，总经理对本企业的财务会计报告没有责任。

规定企业负责人对本企业财务会计报告的真实性、完整性负责，抓住了矛盾的关键点，有利于从根本上解决造假账屡禁不止的问题。企业负责人代表企业依法行使职权，应当对本企业的一切事务，也包括企业财务会计报告的编制和提供负责。大量的事实证明，只有企业负责人才能真正对会计工作负责任。因为企业财务会计报告是一个企业经营成果的综合性反映，是体现一个企业经营状况好坏、生存和发展能力强弱的晴雨表。其不只是某方面工作的反映，而是对企业的综合反映。所以，只有企业负责人才能负得起这个责任，也应该负这个责任。假如，某企业因生产假冒伪劣商品给消费者造成重大伤害并被消费者起诉，企业负责人作为被告单位的法定代表人应当承担相应责任，绝不能以该商品不是他本人亲自生产等理由推脱责任。企业负责人对本企业财务会计报告的责任，也是如此。同时，通过调查也发现，如果不让企业负责人对本企业的财务会计报告负责，很容易把企业会计人员摆在企业负责人的对立面上。大家知道，现在的企业，尤其是民营企业，很多都是老板说了算，员工只能是"端人家的碗，服人家的管"，一般不可能和老板唱对台戏。在实际工作中，人们也发现很多会计人员坚持原则受到打击报复。会计人员除了有贪污、挪用公款等个人行为外，很少有作假的利益动机。而企业经营的业绩好坏则是与企业负责人息息相关的。会计人员一般不会主动作假，大多数实际情况是企业负责人在指使会计人员作假。

也许会有人认为，会计工作是一项技术性比较强的工作，有其专门的方法，企业负责人不一定是搞会计工作的，有的是工程技术人员出身，有的是搞行政

的，还有的是搞人事的，对本企业财务会计报告负责有点强人所难。对此疑问应具体问题具体分析，会计工作与单位内部的产品生产、质量管理、安全管理等工作一样，都是在企业负责人的统一指挥、授权、控制、监督下进行的，也都不是企业负责人一人包办的。对于企业财务会计报告的编制和提供以及其他会计工作而言，企业负责人有责任和义务领导、组织并有效实施一整套内部规章制度，特别是内部控制制度，以保证会计工作的主要过程、环节在严密的监控之下有序进行，进而保证企业财务会计报告的质量。在实际工作中，如果没有企业负责人的同意或默许，是不会发生会计人员或其他人员擅自编制虚假的企业财务会计报告等情况的。从一些会计工作做得比较好的企业来看，企业负责人都非常重视会计工作。可以说，企业负责人保证了企业财务会计报告的质量，不单纯是技术问题，更重要的是管理问题。如果企业负责人没有指使造假的意图，并切实加强内部管理和有效控制，企业财务会计报告的质量是不难保证的。所以，《会计法》也明确规定："单位负责人对本单位的会计工作和会计资料的真实性、完整性负责。"

《企业财务会计报告条例》重申企业负责人对本企业财务会计报告的真实性、完整性负责，并不是要求企业负责人事必躬亲、直接代表会计人员办理会计事务，而是要求企业建立健全有效的内部控制制度、内部制约机制，明确会计工作相关人员的职责权限、工作规程和纪律要求，企业负责人通过正常途径了解上述制度的执行情况和会计工作相关人员履行职责的情况，保证企业负责人的意志在各个环节得以实施，保证会计工作相关人员按照企业负责人认可的程序、要求办理会计事务。从某种程度上说，企业负责人与会计人员之间对会计行为和会计资料质量的责任划分，应当是企业内部的委托授权关系，由企业负责人通过制定内部规章制度予以明确并督促落实。有关法律规定，企业负责人可以书面约定，授权其代理人行使企业负责人的有关职权，但企业负责人应当对其代理人在授权范围内的行为承担责任。比如，企业负责人可以将应由其履行的法定会计事务（如内部规章制度、委托书等）书面委托其他人员办理，将其会计监督职权委托经营负责人（经理）、总会计师、会计机构负责人等行使，并明确责任。代理人如违反相关制度规定，企业负责人可以按企业内部规章有关规定予以处理，但企业负责人仍是本企业财务会计报告的责任主体。

**（三）强调企业负责人对于企业财务会计报告应承担相应的法律责任**

《企业财务会计报告条例》再次强调企业负责人在对外提供的企业财务会计报告上签名并盖章，目的是督促签章人对企业财务会计报告的内容要严格把关并承担责任。这是督促有关负责人员认真对企业财务会计报告内容负责的一种程序上的措施,明确企业负责人是本企业对外提供的企业财务会计报告的责任主体,依法代表企业行使职权,应当对本企业对外提供的企业财务会计报告的质量负责。如果责任主体不明确或者责任主体过多,就会造成无法追究责任,有可能发生签章人员之间相互推脱责任的现象。这里之所以强调企业负责人在对外提供的企业财务会计报告上签名并盖章,主要是针对实务工作中许多企业负责人认为在企业财务会计报告上签名并盖章是一种手续,是一种程序上的规定,甚至认为是一种多余的手续。在这一认识支配下,许多企业负责人为图省事,干脆将个人印章放在会计机构,由会计人员在对外提供的企业财务会计报告上直接盖上企业负责人的印章。但是,当本企业的财务会计报告因内容虚假被追究责任时,企业负责人往往以"会计人员负责会计核算和会计监督,报表是会计人员编的,我不懂会计,我不负责任"等理由推脱,会计人员往往也感到很委屈、困惑,认为"是领导让我这样编报表的,领导也在报表上签章了,为何让我承担责任"。企业负责人的借口、会计人员的困惑以及造假账等问题屡禁不止的现象,都说明这种会计责任制度的不科学和不合理。为了彻底解决此问题,《会计法》明确规定,财务会计报告应当由单位负责人和主管会计工作的负责人、会计机构负责人(会计主管人员)签名并盖章。基于此,《企业财务会计报告条例》再次强调,企业对外提供的财务会计报告应由"企业负责人和主管会计工作的负责人、会计机构负责人(会计主管人员)签名并盖章"。

**(四)严格界定了企业财务会计报告的要素**

1993年进行的会计核算制度改革,虽然对企业财务会计报告要素的定义以及会计核算制度等各方面都进行了较大的改革,但是,改革并不彻底。体现在企业财务会计报告的要素方面,主要就是没有完全按照企业财务会计报告要素的性质、内涵加以准确的定义,因此,在理论和实践中都产生了许多问题。

例如,1993年7月1日开始实施的《企业会计准则》将资产定义为"资产是企业拥有或者控制的能以货币计量的经济资源,包括各种财产、债权和其他权利"。这一定义,忽略了作为企业资产应当具备的最基本性质,即"预期会给企业带来经济利益"。按照这一定义,在实务中产生的主要问题是,无论企业拥有或者控制的资源能否给企业带来经济利益,只要其实物形态存在,均作为企业的资产,从而造成实际工作中已经损失了的资源仍反映在企业的资产负债表中。例如,技术上已经被淘汰的机器设备,残次、陈旧的存货,其已经不能继续为企业带来经济利益,但因符合资产的定义,并且在实物形态上仍然存在，因此，其价值仍然反映在企业的资产负债表中，造成企业虚增资产、虚增利润，对外提供的企业财务会计报告也失去真实性。

为此，《企业财务会计报告条例》将资产定义为"资产，是指过去的交易、事项形成并由企业拥有或者控制的资源，该资源预期会给企业带来经济利益"。资产具有以下三个特点：第一，资产能够直接或间接地为企业带来经济利益；第二，资产都是为企业所拥有，或者即使不为企业所拥有，但也是为企业所控制的；第三，资产都是企业在过去发生的交易、事项中获得的。按照这一定义，在技术上已经被淘汰的机器设备，残次、陈旧的存货，虽然其实物形态仍然存在，但实际上已经不能再用于产品生产，不能为企业带来经济利益，所以，不应在企业的财务会计报告中确认为资产。

又如，1993年7月1日开始实施的《企业会计准则》将收入定义为"收入是企业在销售商品或者提供劳务等经营业务中实现的营业收入，包括基本业务收入和其他业务收入"。同时该准则还规定了收入确认原则："企业应当合理确认营业收入的实现，并将已实现的收入按时入账。企业应当在发出商品、提供劳务，同时收讫价款或者取得索取价款的凭据时，确认营业收入；长期工程（包括劳务）合同，一般应当根据完成进度法或者完成合同法合理确认营业收入。"这一定义及收入确认原则，着眼于发出商品、提供劳务，并收取货款或取得索取货款的权利，以此来判断收入是否已经实现。这主要从形式上进行判断，没有考虑与商品所有权有关的风险和报酬是否真正转移，这一确认标准不能涵盖所有与收入有关的业务中对收入的确认，导致有些企业虚拟收入、提前或推后确认收入等。为此《企业财务会计报告条例》将收入定义为"收入，是指企业在销售商品，提供劳务及让渡资产使用权等日常活动中所形成的经济利益的总流入。收入不包括为第三方或者客户代收的款项"。收入具有以下四个特点：第一，收入是从企业的日常活动中产生的，而不是从偶发的交易或事项中产生的；第二，收入可能表现为企业资产的增加，也可能表现为企业负债的减少，或者二者兼而有之；第三，收入将引起企业所有者权益的增加；第四，收入只包括本企业经济利益的流入，不包括为第三方或者客户代收的款项。这一定义及收入确认原则，着眼于商品所有权上的主要风险和报酬已经转移，对售出的商品不再实施控制，与交易相关的经济利益能够流入企业，相关的收入和成本能够可靠地计量等，以此来判断收入是否可以确认，更注重交易的实质而不是形式。相对于现行行业会计制度而言，《企业财务会计报告条例》对资产、负债、所有者权益、收入、费用、利润等企业财务会计报告要素的严格界定，是我国在企业财务会计报告规范方面的一个重大突破。

### （五）规定了企业财务会计报告使用者的行为

在传统的计划经济体制下，由于国家是企业的唯一投资者，是企业财务会计报告的唯一使用者，由代表国家的各个主管部门向企业索要企业财务会计报告已为人们所接受，企业按照国家规定向各个主管部门报送企业财务会计报告也是天经地义的。在市场经济体制下，企业的投资者众多，除了国家外，还包括国内个人股东、外商等。此外，企业除了接受投资者的投资外，还通过发行债券、向银行借款等方式筹措资金。各有关投资者、债权人或业务伙伴从各自利益出发，需要企业向其提供企业财务会计报告。由于企业财务会计报告使用者不再只是原企业主管部门、财政部门、开户银行等，所以，企业在对外提供财务会计报告时，有时会受到外界因素的干扰，甚至会影响企业所提供财务会计报告的真实性和完整性。为此，《企业财务会计报告条例》除规定了企业的财务会计报告行为外，也对企业财务会计报告使用者的行为进行了规范。有关部门或者机构依照法律、行政法规或者国务院的规定，要求企业提供部分或者全部财务会计报告及其有关数据的，应当向企业出示依据，并不得要求企业改变企业财务会计报告有关数据的会计口径。非依照法律、行政法规或者国务院的规定，任何组织或者个人不得授意、指使、强令企业编制和对外提供虚假的或者隐瞒重要事实的财务会计报告。任何组织或者个人不得授意、指使、强令企业违反《企业财务会计报告条例》和国家统一的会计制度规定，改变财务会计报告的编制基础、编制依据、编制原则和方法。接受企业财务会计报告的组织或者个人，在企业财务会计报告未正式对外披露前，应当对其内容保密。

## 第四节 企业会计核算制度体系及改革

提高会计信息质量是我国当前会计工作的中心任务。继新《会计法》和《企业财务会计报告条例》颁布实施后，财政部于2000年末对"现金流量表""投资""非货币性交易"等5个具体会计准则进行了修订，同时发布了"租赁""借款费用""无形资产"3个具体会计准则和《企业会计制度》，在2001年发布了"债务重组"和"非货币性交易"2个具体会计准则。新准则和《企业会计制度》是按照会计要素的科学定义，借鉴国际会计的最新惯例，在分析总结我国会计核算薄弱环节的基础上加以完善后制定发布的。新准则是贯彻实施新《会计法》和《企业财务会计报告条例》的重要步骤，也是完善我国的会计核算制度体系、统一会计核算标准、提高会计信息质量的具体措施，标志着我国新一轮企业会计改革高潮的到来。

## 一、建立国家统一会计核算制度的必要性

从 1992 年下半年起，财政部在企业财务会计方面进行了重大改革，相继发布了《企业会计准则》《企业财务通则》以及 13 个行业的会计制度，并从 1993 年 7 月 1 日起开始实施。"两则两制"的发布实施，在社会各界和国际会计界产生了极大反响，初步实现了我国企业会计核算模式从传统计划经济模式向社会主义市场经济模式的转换，对市场经济的健康发展起到了基础性的作用，为我国企业会计制度与国际会计惯例接轨创造了条件。但是，随着我国社会主义市场经济的全面推进，尤其是企业制度改革的深化，以及国际经济一体化进程的加快，"两则两制"及其补充规定与社会经济环境之间的不适应性逐渐显现出来。加快改革步伐，尽快建立国家统一的会计核算制度显得十分迫切。

### （一）企业经营环境的改变，迫切要求加快会计核算制度改革

"两则两制"实施至今，各项经济改革措施全面推进，企业经营环境发生了巨大变化。从企业的所有制形式到企业的经营方式，从政府对企业管理的直接管理模式到政府转向为企业营造良好的竞争环境，从企业主要以间接方式融资到企业直接在证券市场融资等，都为此做出了清晰的注解。与之不协调的现象是，除股份有限公司外，其他企业仍然执行着"两则两制"。而"两则两制"与社会主义市场经济发展之间存在着明显的不适应性。第一，没有考虑不同企业所处的商业环境，过分强调统一，缺乏应有的灵活性。比如，坏账准备只能按照国家统一规定的比例（一般为 3‰～5‰）提取，不能多提，也不能少提，这与企业经营的实际情况是相脱节的。现实中，不同企业所处的行业特点往往不同，所处的商业环境也可能不一样，其债权所对应的债务人的信用状况、偿债能力也就可能不同，那么采用统一的比例提取坏账准备就是不合适的。第二，过于主观，没有考虑市场变化对企业的影响。比如，资产计量的会计政策，要求企业以取得成本作为其入账价值。之后，即使资产的价格发生较大不利波动，或资产为企业创造经济利益的能力受到重大不利影响也不要求调整，从而出现高估资产、虚增利润的现象。第三，不能充分揭示企业面临的风险。在计划经济条件下，企业是国家的，企业生产所需原料由国家提供，企业生产的产品由国家统一销售，没有风险可言。在社会主义市场经济条件下，这种情况已经发

生了变化。相应地，会计政策规定应充分考虑这种变化，应要求企业充分地揭示其生产经营所面临的风险，使企业会计信息使用者获得真实、有用的信息。从这个意义上讲，加快会计核算制度改革是非常必要的。

**（二）增强会计信息可比性，提高会计信息质量，需要推进会计核算制度改革**

多样化是当前会计标准的一个特征，既有适用于股份制企业的《股份有限公司会计制度》，也有适用于外商投资企业的《外商投资企业会计制度》，适应个体工商户的《个体工商户会计制度》；既有分行业会计制度，也有分业务的会计核算办法；既有独立完整的会计核算制度，也有多项会计制度补充规定；既有会计核算制度，也有具体会计准则。而且，对于某些经济业务，不同会计标准所规定的处理方法之间还存在差别。因此，不可避免地导致适用不同会计标准的企业之间的会计信息不可比。此外，企业集团经营模式往往并不单一，一个企业集团内部，多种所有制并存、经营跨多个行业的情况并不少见。在这种情况下，企业集团要选择适当的会计标准进行会计核算，往往显得无所适从。在合并会计报表时，由于采用多样化的会计标准，调整工作量通常巨大。即使最后编制了合并会计报表，其传递的会计信息的真实性和有用性也是值得怀疑的。因此，对现行分行业会计核算制度进行合并，取消按所有制性质制定的会计核算制度势在必行。

**（三）全面推进我国会计制度与国际惯例相协调，需要改革会计核算制度**

近年来，国际经济一体化趋势在迅猛发展，一国的经济要发展，必须融入国际经济潮流。积极申请加入 WTO，是我国经济融入国际经济的重要体现。加入 WTO，要求我国的会计标准在主要方面与国际惯例相协调。一方面，便于外国投资者更好地了解我国企业的财务状况、经营成果和发展潜力；另一方面，也使我国的企业易于在国际证券市场筹措资金。目前，除股份有限公司采用的会计核算制度在会计要素确认、计量和披露方面与国际惯例比较协调外，其他公司或企业尤其是国有企业所采用的会计核算制度与国际惯例相比，还有较大差距。比如，资产计价标准、风险揭示程度等。这说明，我国会计标准与国际会计惯例协调的空间是比较大的，有必要进行会计核算制度改革。

## 二、企业统一会计核算制度的创新内容

### （一）注重资产质量

1. 要求计提资产减值准备

这次出台的《企业会计制度》最可圈可点的，当属稳健原则的贯彻实施，在计提资产减值准备方面，稳健原则更是体现得淋漓尽致。《企业会计制度》借鉴国际会计准则第 36 号和美国财务会计准则委员会（FASB）第 121 号准则公告关于资产减值的规定，要求企业对可能发生损失的资产计提减值准备。《企业会计制度》第五十一条规定："企业应当定期或者至少于每年年度终了，对各项资产进行全面检查，并根据谨慎性原则的要求，合理地预计各项资产可能发生的损失，对可能发生的各项资产损失计提资产减值准备。"第五十二条至第六十五条明确提出，企业必须计提八项准备，分别是应收款项坏账准备、短期投资跌价准备、存货跌价准备、长期投资减值准备、固定资产减值准备、在建工程减值准备、无形资产减值准备和委托贷款减值准备。第四十二条规定："企业的固定资产应当在期末时按照账面价值与可收回金额孰低计量，可收回金额低于账面价值的差额，应当计提固定资产减值准备。"第四十九条规定："无形资产应当按照账面价值与可收回金额孰低计量，可收回金额低于账面价值的差额，应当计提无形资产减值准备。"第六十五条规定："企业在建工程预计发生减值时，如长期停建并且预计在 3 年内不会重新开工的在建工程，也应当根据上述原则计提资产减值准备。"

同时，为了防止企业计提秘密准备，利用八项准备调节利润，《企业会计制度》第五十一条规定："如有确凿证据表明企业不恰当地运用了谨慎性原则计提秘密准备的，应当作为重大会计差错予以更正，并在会计报表附注中说明事项的性质、调整金额，以及对财务状况、经营成果的影响。"

2. 将虚拟资产排除在资产负债表之外

《企业会计制度》第十九条规定："待摊费用应当按其受益期限在 1 年内分期平均摊销，计入成本、费用。如果某项待摊费用已经不能使企业受益，应当将其摊余价值一次全部转入当期成本、费用，不得再留待以后期间摊销。"《企业会计制度》不设置"开办费"这一会计科目，企业筹建期间发生的费用在开始生产经营的当月一次计入开始生产经营当月的损益。《企业会计制度》规定，对于待处理财产损溢科目，不论是否经过有关部门批准，均应冲减净资产并在

年末计入当期损益，不得列示于资产方，避免企业以待处理财产损溢的处置方案未获有关部门批准为由，长期挂账。

3. 固定资产按照使用情况计提折旧

《企业会计制度》第三十六条规定："企业应当根据固定资产的性质和损耗方式，合理地确定固定资产的预计使用年限和预计净残值，并根据科技发展、环境及其他因素，选择合理的固定资产折旧方法，按照管理权限，经股东大会或董事会，或经理（厂长）会议或类似机构批准，作为计提折旧的依据。"这一规定事实上赋予了企业更大的自主权，使企业在确定折旧政策时，既要考虑固定资产的有形损耗，也要考虑其无形损耗。

## （二）明确新业务和疑难问题的处理方法

具体会计准则和《企业会计制度》对于实务工作中新出现的以及在以往会计准则和会计制度中尚未规范的一些疑难经济业务，都做出了明确的规定，最典型的如以下几点。

1. 固定资产融资租赁

近年来，固定资产融资租赁的现象越来越普遍，因此，具体会计准则和《企业会计制度》用大量的篇幅规定了融资租赁的确认和计量原则，在固定资产会计科目的使用说明中又对融资租赁的会计处理进行了较为详细的规定。

2. 借款费用资本化

借款费用资本化虽然是老问题，但在会计实务中较难把握，且现行会计准则和会计制度都缺乏明确的规定。为此，具体会计准则和《企业会计制度》对借款费用资本化的条件与金额做出了明确而又详尽的规定，极具可操作性。

3. 土地使用权的会计处理

土地使用权的会计处理长期缺乏规范，处理方式迥异。对此，具体会计准则和《企业会计制度》明确规定，企业以购入或支付土地出让金的方式取得的土地使用权，在尚未开发或建造自用项目前，作为无形资产核算，并按本制度规定的期限分期摊销。房地产开发企业在开发商品房时，应将土地使用权的账面价值全部转入开发成本。企业在利用土地建造自用基建项目时，将土地使用权的账面价值全部转入在建工程成本。

4. 所得税的会计处理

随着财务会计与税务会计逐步分离,所得税会计核算的重要性和复杂性日益凸显。这些在过去,会计制度和会计准则都很少涉及,比较详尽的规定只见诸于教科书。为了改变这种状况,《企业会计制度》第一百零七条对所得税的会计处理方法,包括应付税款法和纳税影响会计法(含递延法和债务法)进行了详细的规定。

### (三)增加了新的会计原则

随着经济的发展,经济现象越来越复杂,经济现象的表现形式也日趋多样化,从会计的反映职能看,会计必须反映经济真实,而不是简单地反映其经济形式,权益法合并会计报表就是明显的例证。从现有的会计准则看,不论是对资产减值的确认,还是对收入的确认,也都证明了实质重于形式原则已经在会计上广为应用。但是,以往的会计准则并未对此明确说明。财政部在制定《企业会计制度》时,将"实质重于形式"明确规定为会计核算的基本原则。制度第十一条规定:"企业应当按照交易或事项的经济实质进行会计核算,而不应当仅仅按照它们的法律形式作为会计核算的依据。"

### (四)增加了对外提供的会计报表,现金流量表的编制方法也有所变化

在原来提供资产负债表、利润表、现金流量表和利润分配表的基础上,《企业会计制度》要求增加股东权益增减变动表、分部报表等其他报表。同时准则和制度均规定,在现金流量表的编制过程中,经营活动产生的现金流量,既可以采用直接法编制,也可以采用间接法编制;在采用直接法编制时,还应当提供有关采用间接法编制的经营活动现金流量的信息。

### (五)对会计报表附注的内容和格式做出限定

会计报表附注是会计报表不可或缺的组成部分,有助于提高会计报表的可理解性。但长期以来,我国的会计制度一直未对此做出规定。即使上市公司的会计报表附注,也是由中国证券监督管理委员会予以规定的。其结果是,绝大多数企业(上市公司例外)一般只提供会计报表和简单的财务情况说明书,报表的可读性大打折扣。为此,《企业会计制度》对会计报表附注的内容和格式做出明确规定。其中,第一百五十五条规定,会计报表附注至少应当包括九个方面的内容:不符合会计核算基本前提的说明;重要会计政策和会计估计的说明;重要会计政策和会计估计变更的说明;或有事项和资产负债表日后事项的

说明；关联方关系及其交易的披露；重要资产转让及其出售的说明；企业合并、分立的说明；会计报表中重要项目的明细资料；有助于理解和分析会计报表需要说明的其他事项。《企业会计制度》在这些方面的规定，无疑将大大提高企业财务会计报告的信息含量和可理解性。总之，从规范的内容看，具体会计准则和《企业会计制度》绝不是"两则两制"基础上会计制度的简单重复或改良。如果说"两则两制"使我国的会计核算模式发生了框架性的变化，那么，具体会计准则和《企业会计制度》将使我国的会计核算模式发生实质性的变化。具体会计准则和《企业会计制度》全面实施后，我国的会计确认、计量和报告惯例将进一步与国际惯例接轨，我国的会计信息质量将大大提高。

# 第四章　会计信息系统的内部控制与审计

## 第一节　会计信息系统内部控制的目标与风险

### 一、会计信息系统内部控制的目标

所谓内部控制包括组织机构的设计和企业内部采取的所有用于保护企业财产、检查企业会计信息准确性和可靠性、提高经营效率和效益、推动企业坚持执行既定的管理方针的相互协调的方法和措施。具体到会计信息系统，其内部控制的主要目标如下。

#### （一）防止资产损失

对于企业的主要资产，如货币资金、应收账款、材料物品、固定资产、长期投资等的存取予以授权；为企业资产分别设立各自的账户予以记录；通过对账核实的方式，对各种资产的现状及使用变动情况予以监控。

#### （二）确保经济业务记录的有效性、完整性、正确性

不允许没有真正发生的虚构的经济业务登记入账，要求已发生的所有经济业务，在合适的时候，以适当的金额登记特定的账户，使经济业务被正确地确认、计量。

#### （三）确保会计信息的输出符合相关的处理规则

保证会计信息系统按公认的会计原则，完整、及时地报告会计信息，如编制资产负债表、损益表、现金流量表等。同时，还要对各种会计档案、会计信息采取必要的使用与防控措施，如配置专人负责会计档案的保管、分发和回收。

制定会计档案使用授权、登记制度，以确保信息传播的有效性和会计档案的安全性。

### （四）为审计提供足够的线索

在设计和开发会计电算化系统时，必须注重审计的要求，使系统在数据处理时留下新的审计线索，以使审计人员在电算化环境中也能跟踪审计线索，顺利完成审计任务。

## 二、会计信息系统内部控制的风险

无论是人工系统还是会计信息系统，其内部控制的目标都相同。由于计算机技术的引入，会计信息系统在数据收集、处理、存储、传输以及系统设备管理方面出现一些新特征，并由此导致会计信息系统的风险内容与人工系统不同。

### （一）会计信息系统数据处理的集中化、自动化

由于数据处理的集中化、自动化及不健全的内部控制体系，业务人员可利用特殊的授权文件或口令，获得某种权利或运行特定程序进行业务处理，由此引起系统失控而造成损失。

### （二）会计信息系统数据存储隐形化

会计数据以电、磁或光信号等物理形式存储在磁、光介质上，部分交易几乎没有"痕迹"，未经授权人员可以查阅、盗窃或更改会计数据而不留痕迹。会计数据可能因人员疏忽或系统故障而暂时无法直接使用或损毁，甚至完全被清除。

### （三）会计信息系统数据传输介质化、网络化

在把会计数据转化为便于计算机处理、传输的光、电、磁信号的过程中，离不开会计数据的人工输入，而人工输入时极易发生差错。会计数据在通过电子通信网络传送时，未经授权人员可能接近、篡改、损毁会计数据，从而出现内部控制的新问题。

### （四）会计信息系统内部控制程序化

会计电算化系统中内部控制具有人工控制与程序控制相结合的特点。程序化的内部控制的有效性取决于应用程序，如程序发生差错或不起作用，人们的依赖性和程序运行的重复性，会使失效控制长期不被发现，导致系统发生错误

或出现违规行为。

会计信息系统内部控制包括一般控制和应用控制两方面。

所谓一般控制是指对会计信息系统及其环境的控制，与计算机数据处理系统的内部控制具有共性。一般控制主要包括组织和操作控制、硬件和系统软件控制、系统安全控制等。只有在一般控制强而有力的环境中，应用控制才能发挥应有的作用。

所谓应用控制是与特定的会计作业或交易处理直接相关的控制。不同的应用系统因其处理方式、处理过程不同，其应用控制也不同。应用控制不仅为会计数据的准确性、可靠性提供保证，而且为企业管理、决策提供支持。

概括地说，一般控制是应用控制的基础，为数据处理提供良好的处理环境；应用控制是一般控制的深化，在一般控制的基础上，直接深入具体的业务数据的处理过程中，为数据处理的准确性、完整性和可靠性提供最后的保证。

## 第二节 一般控制

任何信息系统的内部控制通常都遵循如下一些基本原则：交易授权、职责分离、作业监督、限制资产接近、交易记录和独立性。一般控制主要包括组织和操作控制、硬件和软件控制、系统安全控制等。

### 一、组织和操作控制

#### （一）组织控制

企业的组织结构决定企业内部各部门、各岗位、各员工之间的职责关系，因此是一种内在的控制。在设计企业的组织结构时要充分考虑和实现职责分离的控制目的，合理划分不同岗位或员工的职责，尤其是要分离不宜兼容的岗位职能。一般来说，一项完整的作业要由两个或两个以上岗位的员工共同完成，以利于相互复核和牵制。在合理的职责分工条件下，工作人员将难以舞弊，从而有效地减少差错。不同处理方式的信息系统，其组织控制的形式和内容也不同。对于会计信息系统而言，其组织控制主要表现为以下几方面。

第一，处理与控制会计资料的信息系统职能部门应与业务部门的职责分离。信息系统职能部门只负责直接管理、操作、维护计算机和会计软件系统，即只负责数据的记录、处理，而避免参与业务活动。这具体地说包括：所有业务活动均应由用户部门完成或授权；信息系统部门无权私自改动业务记录和有关文件；所有业务进行过程中发生的错误数据均由用户部门负责或授权改正；信息系统部门只允许改正数据在输入、加工和输出过程中产生的错误；所有现行系统的改进、新系统的应用及控制措施都应由受益部门发起并经高级管理员授权，未经有关部门批准，业务部门无权擅自修改现有的应用程序；所有资产的保管均不由系统职能部门负责。

《会计电算化工作规范》要求将会计岗位分为基本会计岗位和会计电算化岗位。其中，基本会计岗位负责经济业务的确认、计量与报告；会计电算化岗位直接负责管理、操作、维护计算机和会计软件系统。

第二，信息系统部门内部的职责分离。在信息系统部门内部，首先，在系统设计、开发与会计数据处理之间必须明确分工。系统设计开发只负责系统分析、设计、程序编码、调试、维护、数据库的设计与控制、编写用户手册等。数据处理只负责会计业务数据的处理和控制。系统开发与数据处理工作应由不同的人员承担。其次，为减少差错、防止舞弊，在数据准备、数据操作、文档管理等数据处理各环节之间也应进行一定的职责分离。如《会计电算化工作规范》中规定，电算化岗位包括电算主管、软件操作、审核记账、电算维护、电算审查、数据分析、会计档案资料管理、软件开发等。

当然，内部控制的方法与措施的有效性依赖于对人员执行情况及时并真实地反馈。因此，组织控制还应对人员进行考核及奖惩，如制定晋升制度，岗位轮换制度，定期休假制度，内部督查、审计制度等。

### （二）操作控制

所谓操作控制，就是制定和执行标准的操作规程，以保证系统运行的规范化、制度化和操作人员的合法化。操作控制的主要内容有以下方面。

#### 1. 计算机系统使用管理

首先，应制定科学合理的机房管理制度，对设备的使用、程序的生效、文件的处置等做出明确的规定，防止非指定人员进入机房操作计算机系统，以保护设备、程序、数据的安全。其次，制定数据文件的管理规则，包括数据文件的保留限期、存放地点、保管人员、使用控制等方面的内容。最后，为提高数据的共享性、兼容性，还应制定软件使用制度，同时对一些应付突发事故的补救措施进行规范。

2. 操作管理

制定规范的操作制度和程序，以保证人员上机操作的合法性。如明确规定上机操作人员对会计软件的操作内容和权限。操作权限控制是指，每个岗位的人员只能按照所授予的权限对系统进行作业，不得超越权限接触系统。系统应制定适当的权限标准体系，使系统不被越权操作，从而保证系统的安全。操作权限控制常采用设置口令的方式来实行。每次工作完毕应及时做好必需的数据备份工作。

3. 运行记录制度

记录并保存系统操作和会计信息的使用情况，如记录操作人员、操作时间、操作内容、故障情况等。

## 二、硬件和软件控制

所谓硬件和软件控制是指，为及时发现、查验、排除计算机故障，确保财务与会计信息系统正常运行而采取的计算机软、硬件控制技术和有关措施。

常用的计算机硬件控制技术有冗余校验、奇偶校验、重复处理校验、回波校验、设备校验、有效性校验等，通常由设备生产厂家负责实施。

常用的计算机软件控制技术包括文件保护、安全保护机制和自我保护等内容。

### （一）文件保护

文件保护主要通过设置、核对文件内部标签来防止未经授权的文件使用和修改。文件内部标签是以机器可读的形式存储在磁盘或磁带中的，一般占据文件目录的若干字节，以提供文件名称、文件编号、建立日期、所有者、进入口令、识别密码、文件记录数、保留日期等信息。

### （二）安全保护机制

安全保护机制主要通过设立各类工作人员的存取权限，自动建立系统使用人员及操作记录等方式来防止未经授权的系统使用。例如，安易公司的软件产品"安易2000GRP"，就分别在系统级、数据库级、功能级、数据级、数值级五个级别设置了安全控制机制[①]。

---

[①] 陈勇. 高校财务管理规范化模式探讨 [J]. 安徽农学通报，2007（14）：189-190.

### （三）自我保护

自我保护主要包括两个内容：一是系统开发和维护的控制与监督（如程序的编号、维护的授权，以及只有使用专门指令才能动用和修改现有应用程序等）；二是出错处置程序，当计算机在程序、设备或操作方面出现错误时，仍能维持正常运行，不死机。

## 三、系统安全控制

通常计算机系统安全从保密性、完整性、可用性三个方面予以衡量。保密性是指防止计算机数据非法泄露；完整性是指防止计算机程序和数据的非法修改或删除；可用性是指防止计算机资源和数据的非法独占，当用户需要使用计算机资源时要有资源可用。因此，系统安全控制应涉及计算机和数据两方面的安全控制。系统的可靠性、信息的安全性以及信息处理的正确性均依赖于强有力的系统安全控制。

### （一）计算机的安全控制

第一，应建立计算机接触控制，严格控制未经授权人员进入机房，保证仅有授权人员方可接触到系统的硬件、软件、应用程序及文档资料；严格执行已建立的岗位责任制和操作规程，实施有效的上机授权程序。第二，建立系统环境安全控制。妥善选择系统的工作场地，配备必需的防护和预警装置或设备，同时还应采取必要的"灾难补救"措施，建立后备系统等。

### （二）数据的安全控制

数据的安全控制的目标是，要做到任何情况下数据都不丢失、不损毁、不泄露、不被非法侵入。通常采用的控制包括接触控制、丢失数据的恢复与重建等，确保一旦发生数据非法修改、删除，可及时将数据还原到原有状态或最近状态。数据的备份是数据恢复与重建的基础，网络中利用两个服务器进行双机备份是备份的先进形式。

### （三）网络的安全控制

网络的安全性指标包括数据保密、访问控制、身份识别、不可否认和完整性。具体可采用的安全技术主要包括数据加密技术、访问控制技术、认证技术等。

## 第三节 应用控制

应用控制是对会计信息系统中具体的数据处理活动所进行的控制。其重点在于全部交易均已经过合法授权并被正确记录、分类处理和报告。应用控制可分为输入控制、处理控制和输出控制。

### 一、输入控制

输入控制的目的有以下两点。

第一，确保完整、及时、正确地将经济业务信息转换成机器可读的形式并输入计算机，不存在数据的遗漏、添加和篡改。

第二，及时发现与更正进入会计信息系统的各种异常数据，或者将其反馈给相关业务部门重新处理。

常用的输入控制方法包括：建立科目名称与代码对照文件，以防止会计科目输错；设计科目代码校验，以保证会计科目代码输入的正确性；设立对应关系参照文件，用来判断对应账户是否发生错误；试算平衡控制，对每笔分录和借贷方进行平衡校验，以防止输入金额出错；顺序检查法，防止凭证编号重复；二次输入法，将数据先后或同时由两人分别输入，经对比后确定输入是否正确。

依据数据输入过程的逻辑性，输入控制应包括以下方面。

#### （一）数据收集控制

数据收集控制是指对经济业务原始交易数据的人工收集、分类、记录过程的控制。其主要包括：建立和执行合理的凭证编制、审核、传递、保管程序；合理设计凭证，明确规定各栏次的内容，并预留空栏供交易授权和确认责任；业务的授权与合理分类等方面的内容。

#### （二）数据分批和转换控制

数据分批是指将一段时间内的业务数据汇集在一起，集中输入和处理。对于采用分批处理方式的会计信息系统而言，可防止交易处理的遗漏，防止在信息处理过程中有未经授权的交易资料插入，防止做账错误。有效的数据分批控制措施是控制总和，即计算并比较某一数据项在不同处理过程中或部门中产生的总和，若该数据项的各总和之间存在非零差异，则表示存在差错。如当某一批数据全部输入完毕后，若计算机统计出的记录项总数与数据收集组提供的记录项总数不一致，则表示出现输入差错，必须立即更正。控制总和除选用记录项总和外，还常选用总额控制数，即整批交易的数量金额栏的汇总数。控制总和不仅适用于数据输入控制，还可以应用于数据处理和数据输出控制。

数据转换控制是指，对将计算机不能识别（读）的数据，转换为计算机能够识别（读）的数据这一过程的控制。

## 二、处理控制

会计信息系统处理控制的目的在于，确保已输入系统的全部数据均得到正确和完整的处理。常用的控制措施包括登账条件检验，防错、纠错控制，修改权限与修改痕迹控制等。处理控制主要涉及数据的有效性校验、数据处理的有效性校验及建立清晰的审计线索等方面的内容。

### （一）数据的有效性校验

会计信息系统十分复杂，要求能对各种类型业务文件进行正确的处理。会计信息系统处理的结果正确、完整的前提是所要求处理的数据是正确、完整的，即保证所处理数据的有效性。数据的有效性校验分为数据正确性校验和数据完整性校验。

1. 数据正确性校验

数据正确性校验，即所要求处理的数据，读取自适当的数据库，经适当的应用程序处理后又被存入适当的数据库。常用的方法包括：校验文件标签，即人工检查文件外部标签，程序检查文件内部标签；设置校验业务编码，即对不同的业务进行编码，应用程序依据读出的业务编码，将不同的业务转入不同的程序进行相应处理。

2. 数据完整性校验

数据完整性校验，即确保所要求处理的数据既没有遗漏，也没有重复，更没有未授权的插入、添加[①]。最常用的方法就是采用顺序校验，即应用程序通过读取每一项业务或记录的主关键字，与前一项业务或记录的主关键字进行比较，以检查文件组织顺序是否正确。顺序校验对于数据输入控制和数据处理控制都是必要的。

---

[①] 宋丽群. 财务管理 [M]. 北京：北京大学出版社，2011.

## （二）数据处理的有效性校验

数据处理过程中产生的错误，一般是由于计算机硬件、系统软件、应用软件出现了问题。虽然现在计算机硬件设备的可靠性相当高，但在系统运行过程中仍有可能出现故障。设计完好的系统软件、应用软件，也可能因硬件故障或其他外界干扰而失效或被更改。因此，数据处理的有效性，一方面可通过定期检测会计信息系统各功能处理的时序关系和应用程序，及时发现并纠正错误来确保；另一方面可通过对数据进行逻辑校验来确保。

对于系统各功能处理的时序关系和应用程序的测试，常用重复处理控制的方法，即比较同一业务数据前后两次的处理结果，若两个结果不一致，则说明出错。例如，对于"应收账款"模块，可依据往来客户代码，将每批应收账款业务分别进行明细账处理和总账处理，批处理结束后，若总账发生额与各明细账发生额的合计数之间存在非零差异，则说明该模块存在问题。至于对数据的逻辑检验，既可采用合理性检验和配比性检验的方式，也可采用逆向运算、重复运算等方法检测数值计算的正确性。

## （三）建立清晰的审计线索

处理控制的另一个重要目的在于产生必要、清晰的审计线索，以便对已处理交易进行追溯和查验。必要的、清晰的审计线索不仅为审计总账或其他会计记录的变动提供依据，也为编制财务报表、查找与更正处理错误、发现交易数据的遗漏或未经授权的添加提供方便。审计线索的充分与否，直接影响到处理控制的质量。

会计信息系统审计线索的建立一般涉及输入/输出登记、程序的使用登记以及处理过程中所产生业务的登记等方面的内容。如已处理的经济业务清单，处理中使用过的参数表和数据清单，操作员单独输入的数据清单，处理中使用过的应用程序名称、次数和时间，某些经济业务所需的选择性处理操作清单，计算机产生业务的详细清单。

## 三、输出控制

会计信息系统不仅要保证输出结果的完整与可靠，而且要保证各种输出信息能安全，并及时地分发到适当的使用者手中。只有具有相应权限的人员才能执行输出操作，并要登记操作记录，从而达到限制接触输出信息的目的。打印输出的资料要进行登记，并按会计档案要求保管。

输出控制包括对会计信息系统输出结果的复核和对输出结果的限制性分发。输出结果的复核包含来自信息输出部门和信息使用者两方面的复核。信息输出部门在分发之前，要对拟分发的输出结果的形式、内容进行复核，如将业务处理记录簿与输入业务记录簿的有关数字进行核对，输入过程中控制总数与输出得到的控制总数的核对，正常业务报告与例外报告中有关数字的对比分析等。信息使用者在使用前，对会计电算化输出结果的复核，如客户在支付到期贷款之前，复核收到的往来客户账单；企业财务主管在每日现金送银行之前，复核由出纳编制的存款汇总表等。

输出结果的限制性分发是指，会计信息系统的输出结果只限于分发到授权接收的使用者手中。限制性分发通常是通过建立和执行输出文件的分发与使用登记制度来实现的。

无论是输入控制、处理控制或输出控制，都还应包括对发现的错误如何加以处理的措施和方法。一般而言，根据不同的情况，如错误发现的时间，错误类型，错误产生地点、环节等，采用不同的处理措施。如对已发现的错误凭证，若错误凭证被发现时已记账，则只能采用红字登记法或补充登记法来更正；若错误凭证被发现时已输入会计信息系统但尚未记账，且该错误来自数据转换阶段，即录入错误，则可直接更改；若该错误来自数据的采集阶段，即手工编制记账凭证错误，则操作员不能直接更改，应填制错误清单并通知有关业务部门，待清单中错误更改后送回，再重新输入。

## 第四节　计算机审计

### 一、计算机审计的概念

计算机审计是指对会计信息系统的审计。将计算机系统作为会计工作的辅助管理工具，不仅给会计工作本身，也给审计工作带来了深远的影响，同时还拓展了审计工作的范围。在电子商务环境中，传统的审计线索大多已消失。记录和确认交易发生的各种文件，如合同、订单、发货单、发票、数字支票，以及收、付款凭证等原始单据，都以电磁信息的形式在网上传递，并保存于电磁存储介质中，极大地冲击了传统审计的方法和模式。

## （一）会计组织结构

在会计信息系统中，会计的许多功能，特别是会计核算功能由计算机辅助完成。在原有的手工处理系统中的一部分会计组织机构，如工资核算组、成本费用核算组、总分类核算组均有可能不再设置。同时，由于计算机的应用，又相应地出现了一些新的工作岗位和组织，如系统开发组、系统维护组等。因此，审计工作不仅仍然要围绕原来手工处理系统的例行任务进行，还要对会计信息系统新设立的组织进行研究与评价。

## （二）系统工作平台

系统工作平台是指会计信息系统使用的计算机硬件系统和软件系统。必须保证系统工作平台能满足会计电算化技术与安全方面的要求。由于计算机系统是原手工会计系统中没有的部分，因此对于会计信息系统的审计，审计部门要增加计算机技术方面的组织活动。

## （三）数据存储形式

在手工处理时，会计信息由纸张介质进行记载，如记账凭证、账簿等。在会计信息系统中，计算机内的数据都存储在各种光、电、磁介质中，人们再也不能以翻开证、账、表的形式使用这些信息，只能借助计算机的辅助设备和程序来存取这些信息。存储介质的变化使得会计信息系统的审计线索亦发生了变化，一方面使得部分审计线索消失；另一方面使得大部分审计线索改变了其存在的形式。

## （四）内部控制

除了原有的手工处理系统下的内部控制制度外，企业会计信息系统应为每笔业务、每项经济活动提供一个完整的审计轨迹。可将相当一部分内部控制方法交由计算机程序实现，如试算平衡、非法对应科目设定、计算机操作权限设置等。计算机审计要求对会计信息系统内部控制机制的有效性进行审计。

## （五）计算机系统的安全性

会计信息系统的安全隐患主要来源于两个方面：一方面是会计人员及其他人员的舞弊行为；另一方面是来自外界对计算机网络的恶意攻击。因此，相关部门必须采取相应的审计方法来对会计信息系统的安全性进行审计。

## 二、计算机审计的内容

计算机审计的基本目标是审查会计信息系统的有效性、经济性、效率性、完整性、准确性、安全性、私用性和合法性。在会计信息系统中,由于其组织结构、数据处理形式及数据存储介质都与手工处理系统有了很大差别,其审计的方式和内容也随之有所改变。此外,审计人员不仅仍可依靠手工处理方式对会计信息系统进行审计,也可将计算机作为辅助工具对会计信息系统进行审计。具体地说,在会计信息系统环境中,计算机审计主要有以下内容。

### (一)内部控制审计

会计信息系统的内部控制是否健全有效,是会计信息正确与否的基本保证。我国对会计处理工作制定的一系列法律法规,是保证会计信息系统正常运行的法律基础。一个企业内部控制的建立和实施,必须实现的目标包括提供可靠数据、保护各项资产及记录的安全、促进经营效率的提高、鼓励遵守既定政策、鼓励遵守有关法规等。如果企业的现行会计制度、会计处理规程等内部控制方式既符合公认的会计原理和准则及其他内部控制原则,又能够自始至终地得到贯彻执行,就可以认定企业提供的会计信息是真实的、公允的。若会计电算化系统能够依据《会计电算化工作规范》等规定实施操作,也可以认为该会计电算化系统是有效的、可靠的,其提供的信息是真实的、公允的。制度基础审计既是社会经济发展对审计工作提出的要求,也是对会计信息系统进行内部控制审计的主要内容。

### (二)计算机系统审计

计算机系统包括计算机硬件、系统软件和应用软件。这里主要指对计算机硬件和系统软件的审计。

对计算机硬件的审计是审查硬件的性能是否达到要求,设备运行是否正常。一般来讲,会计信息系统的硬件要求可靠性较高。为了保证系统数据的安全性和完整性,系统可以采取数据存储设备镜像或双机热备份等工作方式。

对于计算机系统软件的审计主要对象有计算机操作系统和数据库管理系统。在当前的中小型系统中,可用于局域网系统的操作系统产品不多,主要有 Windows 和 NetWare 系列产品,这些产品不提供源代码,其安全性也有限。在多用户或网络工作环境中,计算机操作系统必须满足一定的安全级别。在有条件的情况下,计算机操作系统的安全级别要达到 B2 级。

### (三) 系统开发审计

对于会计信息系统的审计，不仅要对系统的工作环境进行审计，也要对会计信息系统的开发过程进行审计，也就是要对会计信息系统的整个生命周期进行审计。系统开发审计，一方面要检查开发活动是否受到适当的控制，以及系统开发的方法与程序是否科学、先进、合理；另一方面还要检查系统开发过程中产生的文档资料。例如，在系统分析阶段产生的系统分析报告所描述的会计信息系统逻辑模型是否正确；在系统设计阶段产生的系统设计文档是否可行、有效；在系统实施过程中采用的开发工具是否先进。

### (四) 应用程序审计

应用程序是系统功能的最后实现形式，尤其是在会计信息系统中，会计功能，特别是会计核算必须依照一定的步骤、方法和规范展开。因此，应用程序的审计要通过一系列数据测试，对目标系统的符合性进行检验，以保证程序运行逻辑的正确性。

### (五) 数据文件审计

会计信息系统是利用数据文件系统存储会计处理的对象和结果[①]。在会计电算化系统中的会计凭证、会计账簿、会计报表，国家制定的法律、财经法规、政策和制度，上级制定的规章制度，上级下达的指示、通知、命令，企业单位制定的经营方针、目标、计划、预算、定额、经济合同、各项经济指标、规章制度等都能以数据文件或数据仓库的形式存储于光、电、磁等介质上。因此，审计依据和审计证据大部分来自会计信息系统和企业信息系统内部，特别是企业单位制定的各项数据指标和账务处理数据。

---

① 王艳丽. 校企合作动力机制及其合作模式研究 [D]. 太原：太原科技大学，2010.

# 第五章 会计基础工作规范与内部控制制度建设

## 第一节 会计基础工作及其规范

1996年6月17日,财政部制定发布了《会计基础工作规范》。这是在财政部于1984年4月发布的《会计人员工作规则》基础上修订并重新发布的一项重要规章,《会计基础工作规范》(以下简称《规范》)全面总结了《会计人员工作规则》实施以来的基本经验,结合新形势下对会计工作的要求,对会计基础工作方面的有关内容,做出了较为系统的规定。

### 一、会计机构和会计人员

#### (一)会计机构设置和会计人员配备

各单位应当根据会计业务的需要设置会计机构;不具备单独设置会计机构条件的,应当在有关机构中配备会计人员。事业单位、行政单位会计机构的设置和会计人员的配备,应当符合国家规定。设置会计机构,应当配备会计机构负责人;在有关机构中配备专职会计人员,应当在专职会计人员中指定会计主管人员。会计机构负责人、会计主管人员的任免,应当符合《中华人民共和国会计法》和有关法律的规定。会计机构负责人、会计主管人员应当具备下列基本条件。

①坚持原则,廉洁奉公。
②具有会计专业技术资格。
③主管一个单位或者单位内一个重要方面的财务会计工作经验不少于2年。
④熟悉国家财经法律、法规、规章和方针、政策,掌握本行业业务管理的有关知识。

⑤有较强的组织能力。

⑥身体状况能够适应本职工作的要求。

没有设置会计机构和配备会计人员的单位，应当根据《代理记账管理暂行办法》委托会计师事务所或者持有代理记账许可证书的其他代理记账机构进行代理记账。

大中型企业、事业单位的业务主管部门应当根据法律和国家有关规定设置总会计师。总会计师由具有会计师以上专业技术资格的人员担任。各单位应当根据会计业务需要配备专业会计人员。未取得会计资格的人员，不得从事会计工作。各单位应当根据会计业务需要设置会计工作岗位。会计人员的工作岗位应当有计划地进行轮换。

会计人员应当具备必要的专业知识和专业技能，熟悉国家有关法律、法规、规章和国家统一的会计制度，并遵守职业道德。会计人员按照国家有关规定参加会计业务的培训。各单位应当合理安排会计人员的培训，保证会计人员每年有一定时间用于学习和参加培训。各单位管理人员应当支持会计机构、会计人员依法行使职权；对忠于职守、坚持原则，做出显著成绩的会计机构、会计人员，应当给予精神的和物质的奖励。国家机关、国有企事业单位任用会计人员应当实行回避制度。

### （二）会计人员职业道德

会计人员在会计工作中应当遵守职业道德，形成良好的职业品质、严谨的工作作风，严守工作纪律，努力提高工作效率和工作质量。

会计人员应当热爱本职工作，努力钻研业务，使自己的知识和技能适应所从事工作的要求。会计人员应当熟悉财经法律、法规、规章和国家统一的会计制度，并结合会计工作进行广泛宣传。会计人员应当按照会计法律、法规和国家统一的会计制度规定的程序和要求进行会计工作，保证所提供的会计信息合法、真实、准确、及时、完整。会计人员办理会计事务应当实事求是、客观公正。会计人员应当熟悉本单位的生产经营和业务管理情况，运用掌握的会计信息和会计方法，为改善单位内部管理、提高单位经济效益服务。会计人员应当保守本单位的商业秘密，除法律规定和单位领导人同意外，不能私自向外界提供或泄露单位的会计信息。

财务部门、业务主管部门和各单位应当定期检查会计人员遵守职业道德的情况，并作为会计人员晋升、晋级、聘任专业职务、表彰奖励的重要考核依据。

## 二、会计核算

### (一) 会计核算的一般要求

①建账的基本要求。各单位应当按照《中华人民共和国会计法》和国家统一的会计制度的规定建立会计账册,进行会计核算,及时提供合法、真实、准确、完整的会计信息。

②会计核算内容的基本要求。各单位发生的下列事项,应当及时办理会计手续、进行会计核算:款项和有价证券的收付;财物的收发、增减和使用;债权、债务的发生和结算;资本、基金的增减;收入、支出、费用、成本的计算;财务成果的计算和处理;其他需要办理会计手续、进行会计核算的事项。

③会计核算的其他要求。《规范》还对会计核算的依据和处理方法、会计年度、记账本位币、会计科目以及有关会计资料和会计文字等做出了要求。

### (二) 填制会计凭证

取得和填制会计凭证是会计基础工作内容之一,对会计核算工作和会计信息质量影响非常大。因此,《规范》对此做出了详细的要求。

①原始凭证。各单位在办理有关业务时必须取得或者填制原始凭证,并及时送交会计机构。原始凭证的内容必须具备:凭证的名称,填制凭证的日期,填制凭证单位的名称或者填制人姓名,经办人员的签名或者盖章,接受凭证单位名称,经济业务内容,数量、单价和金额。原始凭证的填制应符合真实可靠、内容完整、填制及时、书写清楚、顺序使用等要求。

②记账凭证。会计机构和会计人员要根据审核无误的原始凭证填制记账凭证。记账凭证的内容必须具备:填制凭证的日期,凭证编号,经济业务摘要,会计科目,金额,所附原始凭证张数,填制凭证人员、稽核人员、记账人员、会计机构负责人、会计主管人员签名或者盖章。收款和付款记账凭证还应当由出纳人员签名或者盖章。以自制的原始凭证或者原始凭证汇总表代替记账凭证的,也必须具备记账凭证应有的项目。填制记账凭证的基本要求包括连续编号、内容完整、分类正确等。

③会计凭证的传递与保管。各单位会计凭证的传递程序应当科学、合理,具体办法由各单位根据会计业务需要自行规定。会计机构、会计人员要妥善保管会计凭证。

### （三）登记会计账簿

①各单位应当按照国家统一的会计制度的规定和会计业务的需要设置会计账簿。会计账簿包括总账、明细账、日记账和其他辅助性账簿。

②现金日记账和银行存款日记账必须采用订本式账簿，不得用银行对账单或者其他方法代替日记账。

③实行会计电算化的单位，用计算机打印的会计账簿必须连续编号，经审核无误后装订成册，并由记账人员和会计机构负责人、会计主管人员签字或者盖章。

④启用会计账簿时，应当在账簿封面上写明单位名称和账簿名称。在账簿扉页上应当附启用表，内容包括启用日期、账簿页数、记账人员和会计机构负责人、会计主管人员姓名，并加盖人名章和单位公章。记账人员或会计机构负责人、会计主管人员在调动工作时，应当注明交接日期、接办人员或者监交人员姓名，并由交接双方人员签名或者盖章。启用订本式账簿，应当按第一页到最后一页顺序编定页数，不得跳页、缺号。使用活页式账页，应当按账户顺序编号，并须定期装订成册。装订后再按实际使用的账页顺序编定页码，另加目录，记明每个账户的名称和页次。

⑤会计人员应当根据审核无误的会计凭证按照《规范》的要求登记会计账簿。

⑥实行会计电算化的单位，总账和明细账应当定期打印。发生收款和付款业务的，在输入收款凭证和付款凭证的当天必须打印出现金日记账和银行存款日记账，并与库存现金核对无误。

⑦账簿记录发生错误时，不准涂改、挖补、刮擦或者用药水消除字迹，不准重新抄写，必须按照规定的方法进行更正。

⑧各单位应当定期对会计账簿记录的有关数字与库存实物、货币资金、有价证券、往来单位或者个人等进行核对，保证"账证相符、账账相符、账实相符"。对账工作每年至少进行一次。

⑨各单位应当按照规定定期结账。

### （四）编制财务会计报告

①各单位必须按照国家统一的会计制度的规定，定期编制财务会计报告。财务会计报告包括会计报表及其说明。会计报表包括会计报表主表、会计报表附表、会计报表附注。

②各单位对外报送的财务会计报告应当根据国家统一的会计制度规定的

格式和要求编制。单位内部使用的财务会计报告,其格式和要求由各单位自行规定。

③会计报表应当根据登记完整、核对无误的会计账簿记录和其他有关资料编制,做到数字真实、计算准确、内容完整、说明清楚。任何人不得篡改或者授意、指使、强令他人篡改会计报表的有关数字。

④会计报表之间、会计报表各项目之间,凡有对应关系的数字,应当相互一致。本期会计报表与上期会计报表之间有关的数字应当相互衔接。如果不同会计年度的会计报表中各项目的内容和核算方法有变更,应当在年度会计报表中加以说明。

⑤各单位应当按照国家统一的会计制度的规定认真编写会计报表附注及其说明,做到项目齐全,内容完整。

⑥各单位应当按照国家规定的期限对外报送财务会计报告。对外报送的财务会计报告,应当依次编定页码,加封面,装订成册,加盖公章。封面上应当注明:单位名称,单位地址,财务会计报告所属年度、季度、月度,报告送出日期,并由单位管理者、总会计师、会计机构负责人、会计主管人员签名或者盖章。单位管理者对财务会计报告的合法性、真实性负法律责任。

⑦根据法律和国家有关规定应当对财务会计报告进行审计的,财务会计报告编制单位应当委托注册会计师进行审计,并将注册会计师出具的审计报告随同财务会计报告按照规定的期限报送有关部门。

⑧如果发现对外报送的财务会计报告有错误,应当及时办理更正手续,除更正本单位留存的财务会计报告外,还应同时通知接受财务会计报告的单位进行更正。错误较多的,相关单位应当重新编报。

### 三、会计监督

会计监督是会计的基本职能之一,是经济监督体系的重要组成部分,对于建立有序的市场经济秩序意义重大。会计监督包括单位内部会计监督、国家监督和社会监督。《中华人民共和国会计法》和《规范》对会计监督都提出了明确的要求。

单位内部会计监督是各单位应当建立、健全本单位内部会计监督制度。单位内部会计监督制度是指一个单位为了保护其资产的安全完整,保证其经营活动符合国家法律、法规和内部规章要求,提高单位经营管理效率,防止舞弊,控制风险等而在单位内部采取的一系列相互联系、相互制约的措施。单位内部会计监督制度应当符合下列要求。

①记账人员与经济业务事项和会计事项的审批人员、经办人员、财务保管人员的职责权限应当明确，并相互分离、相互制约。

②重大对外投资、资产处置、资金调度和其他重要经济业务事项的决策和执行的相互监督、相互制约程序应当明确。

③财产清查的范围、期限和组织程序应当明确。

④对会计资料定期进行内部审计的办法和程序应当明确。

单位负责人应当保证会计机构、会计人员依法履行职责，不得授意、指示、强令会计机构、会计人员违法办理会计事项。会计机构、会计人员对违反国家统一的会计制度规定的会计事项，有权拒绝办理或者按照职权予以纠正。会计机构、会计人员发现会计账簿记录与实物、款项及有关资料不符的，按照国家统一的会计制度的规定有权自行处理的，应当及时处理；无权处理的，应当立即向单位负责人报告，请求查明原因，做出处理。

会计工作的国家监督是一种外部监督，是指政府有关部门依据法律、行政法规的规定和部门的职责权限，对有关单位的会计行为、会计资料所进行的监督检查。在社会主义市场经济条件下，必须加强对各单位的会计工作的国家监督。国家监督部门主要包括财政、审计、税务、人民银行、证券监管、保险监督等部门。其中财政部门对各单位的下列情况实施监督。

①是否依法设置会计账簿。

②会计凭证、会计账簿、财务会计报告和其他会计资料是否真实、完整。

③会计核算是否符合国家统一的会计制度的规定。

④从事会计工作的人员是否具备从业资格。

在对会计工作的国家监督过程中，除财政部门的普遍性监督外，其他有关部门按照法律、行政法规的授权和部门的职责分工，从行业管理、履行职责的角度出发，也有对有关单位会计资料实施监督检查的职权。前面所列的监督检查部门对有关单位的会计资料依法实施监督检查后，应当出具检查结论。有关监督检查部门已经做出的检查结论能够满足其他监督检查部门履行本部门职责需要的，其他监督检查部门应当加以利用，避免重复查账。

依法对有关单位的会计资料实施监督检查的部门及其工作人员对在监督检查中知悉的国家秘密和商业秘密负有保密义务。

各单位必须依照有关法律、行政法规的规定，接受有关监督检查部门依法实施的监督检查，如实提供会计凭证、会计账簿、财务会计报告和其他会计资料以及有关情况，不得拒绝、隐匿、谎报。

会计工作的社会监督主要是指社会中介机构如会计师事务所的注册会计师依法对受托单位的经济活动进行审计,并据实做出客观评价的一种监督形式,也是一种外部监督。社会监督具有较强的权威性和公正性。

单位内部会计监督、国家监督和社会监督构成了会计监督的整体,它们相辅相成,共同为社会经济服务。有关法律、行政法规规定,需经注册会计师进行审计的单位,应当向受委托的会计师事务所如实提供会计凭证、会计账簿、财务会计报告和其他会计资料以及有关情况。任何单位或者个人不得以任何方式要求或者示意注册会计师及其所在的会计师事务所出具不实或者不当的审计报告。财政部门有权对会计师事务所出具审计报告的程序和内容进行监督。

## 四、单位内部会计管理制度

单位内部会计管理制度是各单位根据国家法律、法规、规章、制度的规定,结合本单位经营管理和业务管理的特点和要求而制定的规范单位内部会计管理活动的制度和办法。《规范》规定,各单位应当根据《中华人民共和国会计法》和国家统一的会计制度的规定,结合单位类型和会计工作内容管理的需要,建立、健全相应的单位内部会计管理制度。

### (一)制定单位内部会计管理制度应当遵循的原则

①应当执行法律、法规和国家统一的会计制度。
②应当体现本单位的生产经营、业务管理的特点和要求。
③应当全面规范本单位的各项会计工作,建立、健全会计基础,保证会计工作的有序进行。
④应当科学、合理,便于操作和执行。
⑤应当定期检查执行情况。
⑥应当根据管理需要和执行中的问题不断完善。

### (二)单位内部会计管理制度的基本内容

①单位内部会计管理体系,即一个单位的会计工作的组织体系。其主要包括:单位领导人、总会计师对会计工作的领导职责;会计部门及其会计机构负责人、会计主管人员的职责和权限;会计部门与其他职能部门的关系;会计核算的组织形式等。

②会计人员岗位责任制度。其主要包括:会计人员的工作岗位设置;各会计工作岗位的职责和标准;各会计工作岗位的人员和具体分工;会计工作岗位

轮换办法；对各会计工作岗位的考核办法等。

③账务处理程序制度。其主要包括：会计科目及其明细科目的设置和使用；会计凭证的格式、审核要求和传递程序；会计核算方法；会计账簿的设置；编制会计报表的种类和要求；单位会计指标体系。

④内部牵制制度。其主要包括：内部牵制制度的原则；组织分工；出纳岗位的职责和限制条件；有关岗位的职责和权限。

⑤稽核制度。其主要包括：稽核工作的组织形式和具体分工；稽核工作的职责和权限；审核会计凭证和复核会计账簿、会计报表的方法。

⑥原始记录管理制度。其主要包括：原始记录的内容和填制方法；原始记录的格式；原始记录的审核；原始记录填制人的责任；原始记录签署、传递、汇集要求。

⑦定额管理制度。其主要包括：定额管理的范围；制定和修订定额的依据、程序和方法；定额的执行；定额考核和奖惩办法等。

⑧计量验收制度。其主要内容包括：计量检测手段和方法；计量验收管理的要求；计量验收人员的责任和奖惩办法。

⑨财产清查制度。其主要内容包括：财产清查的范围；财产清查的组织；财产清查的期限和方法；对财产清查中发现问题的处理办法；对财产管理人员的奖惩办法。

⑩各单位应当建立的财务收支审批制度。其主要内容包括：财务收支审批人员和审批权限；财务收支审批程序；财务收支审批人员的责任。

⑪成本核算制度。其主要内容包括：成本核算的对象；成本核算的方法和程序；成本分析等。

⑫财务会计分析制度。其主要内容包括：财务会计分析的主要内容；财务会计分析的基本要求和组织程序；财务会计分析的具体方法；财务会计分析报告的编写要求等。

## 第二节　内部控制制度及其建设

内部控制制度是社会经济发展到一定阶段的产物，是现代企业管理的重要手段。其对保证会计信息质量，完善公司治理结构和信息披露制度，保护投资者合法权益，并保证资本市场有效运行有着非常重要的意义。

## 一、内部控制的含义与发展阶段

内部控制作为在内部牵制基础上产生的一种自我监督和自我调整体系，随着内部控制实践的不断发展而发展。一般来说，内部控制大致分为四个阶段。

### （一）内部牵制阶段

这一阶段属于内部控制的萌芽时期。一般来说，内部牵制由三个要素构成——职责分工、会计记录、人员轮换。当时的内部牵制基于以下两个基本设想：一是两个或以上的人或部门无意识地犯同样错误的概率是很小的；二是两个或两个以上的人或部门有意识地合伙舞弊的可能性大大低于单独一个人或部门舞弊的可能性。实践证明这些设想是合理的，内部牵制机制确实有效地减少了错误的发生和舞弊行为的发生。因此，在现代内部控制理论中，内部牵制仍占有重要的地位，成为组织机构控制、职务分离控制的基础。

### （二）内部控制阶段

1949 年，美国注册会计师协会的审计程序委员会在《内部控制：一种协调制度要素及其对管理当局和独立注册会计师的重要性》的报告中，对内部控制首次进行了权威的定义："内部控制包括组织机构的设计和企业内部采取的所有相互协调的方法和措施，都用于保护企业的财产，检查会计信息的准确性，提高经营效率，推动企业坚持执行既定的管理政策。"1953 年 10 月，该委员会发布的《审计程序公告第 29 号》对内部控制进行了重新定义，并将内部控制划分为会计控制和管理控制。

### （三）内部控制结构阶段

1988 年，美国注册会计师协会发布《审计准则公告第 55 号》，提出内部控制结构是为了实现特定的公司目标提供合理保证而建立的一系列政策和程序构成的有机整体，包括控制环境、会计系统及控制程序三个部分。《审计准则公告第 55 号》从 1990 年 7 月起实行，自此《审计程序公告第 29 号》的提法也被内部控制结构的概念所取代。

### （四）一体化控制阶段

20 世纪 80 年代以来，虚假的财务会计报表时有出现。为此，美国成立了"反虚假财务报告委员会"，下设专门致力于内部控制研究的"发起组织委员会"，简称 COSO。COSO 于 1992 年发了题为《内部控制—整体框架》的研究报告，这就是著名的 COSO 报告。美国审计准则委员会于 1995 年发布了《审计准则公告第 78 号》，全面接受了 COSO 报告的观点，并自 1997 年 1 月起生效。新准则公告将内部控制定义为，由一个企业的董事长、管理层和其他人员实现的过程，旨在为下列三大目标提供合理保证：一是经营的效果和效率（操作性目标）；二是财务报告的可靠性（信息性目标）；三是符合适用的法律和法规（遵从性目标）。这三大目标既能满足不同的需要，又相互交叉，是一种"全部控制论"的概念。COSO 报告指出，内部控制是一个过程，受企业董事会、管理当局和其他员工影响，目的在于保证会计信息的可靠性、经营的效果和效率以及对有关法规的遵循。该报告认为内部控制整体框架主要由控制环境、风险评估、控制活动、信息与沟通、监督五项要素组成。

我国对内部控制的研究起步较晚，目前对内部控制较权威的定义就是中国注册会计师协会在 1997 年实施的《独立审计具体准则第 9 号——内部控制与审计风险》中的定义，"被审计单位为了保证业务活动的有效进行，保护资产的安全和完整，防止、发现、纠正错误与舞弊，保证会计资料的真实、合法、完整而制定和实施的政策与程序，包括控制环境、会计系统和控制程序"。该定义明显地套用了美国注册会计师协会在 1988 年提出的内部控制定义。

## 二、内部控制的要素和作用

### （一）内部控制的要素

内部控制经历了几个不同阶段，其包含的要素也是不同的。目前我国还处于"三要素"（控制环境、会计系统和控制程序）阶段。为了具有一定的前瞻性，本书采用的是最新的"五要素"观点，即控制环境、风险评估、控制活动、信息与沟通、监督。

#### 1. 控制环境

控制环境是指企业的核心人员以及这些人的个别属性和所处的工作环境。控制环境提供企业纪律与框架，塑造企业文化，并影响员工的控制意识，是对企业内部控制机制的建立和实施有重大影响的因素的统称，是所有其他内部控制组成要素的基础。控制环境主要包括经营管理的理念、方式和风格，组织结构，董事会和审计委员会，诚信正直的原则和道德价值观，授权和分配责任的方法，人力资源政策和实务，内部审计。

2. 风险评估

每个企业都面临不同的风险,这些风险必须加以评估。风险评估的先决条件是制定目标,风险评估就是分析和辨认实现既定目标可能发生的风险,并适时加以处理。

3. 控制活动

控制活动是指确保企业管理层的指令能够顺利执行的有关政策和程序,如核准、授权、验证、调节、复核营业绩效,保证资产安全和职务分工。控制活动主要包括绩效评价控制、信息处理控制、实物控制、职责分离等。

4. 信息与沟通

企业在生产经营过程中必须获得、识别准确的信息,并进行交流和沟通。信息与沟通主要包括信息系统(处理企业内部信息和外部信息)、交流和沟通。

5. 监督

监督是经营管理部门对内部控制的管理监督和内审监察部门对内部控制的再监督与再评价活动的总称。监督活动主要包括持续监督活动、个别评估、报告缺陷等。

(二)内部控制的作用

内部控制作为企业生产经营活动的自我调节及自我制约的内在机制,对于加强企业经营管理、维护企业财产的安全完整、提高企业经济效益,具有十分重要的现实意义。一般来说,企业内部控制主要有下述四个方面的作用。

第一,保证国家的方针、政策和法规在企业内部得到贯彻实施。任何企业必须认真贯彻和实施国家的方针、政策和法规,这是企业进行生产经营的前提条件。建立完善的内部控制机制,可以对企业内部的任何部门和人员、任何业务环节进行有效的监督和控制,使其合法运行。

第二,保证会计信息的真实性和可靠性。良好的内部控制,可以保证会计信息的整个加工过程能够反映企业生产经营的真实情况,而且能够及时发现和纠正各种舞弊行为,从而保证会计信息的质量。

第三,有利于保护企业财产的安全与完整。健全的内部控制机制可以通过有效的内部控制措施监督和制约财产物资的采购、计量、验收等各个环节,并能够制止生产经营中的浪费,有效利用各种资产,防止错误的发生,确保财产的安全和完整。

第四,促使企业加强经营管理,提高经济效益。健全的内部控制机制能够使企业各部门相互制约,促使其有效地履行职责,提高整个企业的经营管理水平,进而提高企业的经济效益。

## 三、内部会计控制

### (一)内部会计控制的目标与原则

1. 内部会计控制的基本目标

①规范单位会计行为,保证会计资料真实、完整。
②堵塞漏洞、消除隐患,防止并及时发现、纠正错误及舞弊行为,保护单位资产的安全、完整。
③确保国家有关法律法规和单位内部规章制度的贯彻执行。

2. 内部会计控制的基本原则

①内部会计控制应当遵守国家有关法律法规和《内部会计控制规范》的规定,并符合单位的实际情况。
②内部会计控制应当约束单位内部涉及会计工作的所有人员的工作。
③内部会计控制应当涵盖单位内部涉及会计工作的各项经济业务及相关岗位,并应针对业务处理过程中的关键控制点,落实到决策、执行、监督、反馈等各个环节。
④内部会计控制应当保证单位内部涉及会计工作的机构、岗位的合理设置及其职责权限的合理划分,坚持不相容职务相互分离,确保不同机构和岗位之间权责分明、相互制约、相互监督。
⑤内部会计控制应当遵循成本效益原则,以合理的成本控制措施达到最佳的控制效果。
⑥内部会计控制的相关规定应随着外部环境的变化、单位业务职能的调整和管理要求的提高,不断修订和完善。

### (二)《内部会计控制规范》的特点

1. 以企业自身为出发点

《内部会计控制规范》出台以前的相关法规,对企业内部控制的要求基本上是从其行业相关角度出发的,而不是从企业自身角度出发的。《独立审计具体准则第 9 号——内部控制和审计风险》从制度基础审计的角度对企业的内部控制进行评价，中国证券监督管理委员会《关于上市公司做好各项资产减值准备等有关事项的通知》与《公开发行证券的公司信息披露编报规则》等法规从信息披露的角度来对企业的内部控制提出要求，而《内部会计控制规范》是从企业自身的角度，即从加强企业管理、完善企业内部会计控制、改进企业经营方式的角度来对企业的内部控制予以要求。从内部控制的产生来看，其是由企业管理人员在经营管理实践中产生并在实践中完成主体内容构造的。

2. 目标定位明确具体

《内部会计控制规范》对内部控制的定位以内部会计控制为主，同时兼顾与会计相关的控制。

3. 直接列出内部控制的内容

COSO 报告中关于内部控制的内容构成是要素形式，由控制环境、风险评估、控制活动、信息与沟通、监督五大要素组成。《内部会计控制规范》的构成并非要素形式，而是直接列出了内部控制的内容。这些内容包括货币资金、实物资产、对外投资、工程项目、采购与付款、筹资、销售与收款、成本、费用、担保等经济业务的会计控制，并且每一条款都将制定相应的具体规范。

### （三）内部会计控制的内容与方法

1. 内部会计控制的内容

内部会计控制的内容主要包括货币资金、实物资产、对外投资、工程项目、采购与付款、筹资、销售与收款、成本费用、担保等经济业务的会计控制。

①单位应当对货币资金收支和保管业务制定严格的授权审批制度，办理货币资金业务的不相容岗位应当分离，相关机构和人员应当相互制约，确保货币资金的安全。

②单位应当制定实物资产管理的岗位责任制度，对实物资产的验收入库、领用、发出、盘点、保管及处置等关键环节进行控制，防止各种实物资产被盗、损毁或流失。

③单位应当建立规范的投资决策机制和程序，通过实行重大投资决策集体审议联签等责任制度加强投资项目立项、评估、决策、实施、投资处置等环节的会计控制，严格控制投资风险。

④单位应当建立规范的工程项目决策程序，明确相关机构和人员的职责权

限，制定工程项目投资决策的责任制度，加强工程项目的预算、招投标、质量管理等环节的会计控制，防范决策失误及工程发包、承包、施工、验收等过程中的舞弊行为。

⑤单位应当合理设置采购与付款业务的机构和岗位，建立和完善采购与付款的会计控制程序，加强请购、审批、合同订立、采购、验收、付款等环节的会计控制，堵塞采购环节的漏洞，减少采购风险。

⑥单位应当加强对筹资活动的控制，合理确定筹资规模和筹资结构，选择筹资方式，降低资金成本，防范和控制财务风险，确保筹措资金的合理、有效使用。

⑦单位应当在制定商品或劳务等的定价原则、信用标准和条件、收款方式等销售政策时，充分发挥会计机构和人员的作用，加强合同订立、商品发出和账款回收的会计控制，避免或减少坏账损失。

⑧单位应当建立成本费用控制系统，做好成本费用管理的各项基础工作，制定成本费用标准，分解成本费用指标，控制成本费用差异，考核成本费用指标的完成情况，落实奖罚措施，降低成本费用，提高经济效益。

⑨单位应当加强对担保业务的会计控制，严格控制担保行为，建立担保决策程序，明确担保原则、担保标准和条件、担保责任等相关内容，加强对担保合同订立的管理，及时了解和掌握被担保人的经营和财务状况，防范潜在的风险，避免或减少可能发生的损失。

2. 内部会计控制的方法

这是指实施内部会计控制所采取的手段、措施及程序，主要包括以下几点。

①不相容职务相互分离。内部会计控制要求单位按照不相容职务相分离的原则，合理设置会计及相关工作岗位，明确职责权限，形成相互制衡机制。不相容职务是指，如果由一个人或一个部门担任，很容易造假，且易于掩盖的职务。不相容职务主要包括授权批准、业务经办、会计记录、财产保管、稽核检查等职务。

②授权批准控制。内部会计控制要求单位明确规定涉及会计及相关工作的授权批准的范围、权限、程序、责任等内容，单位内部的各级管理层必须在授权范围内行使职权和承担责任，经办人员也必须在授权范围内办理业务。授权批准包括一般授权和特定授权。

③会计系统控制。内部会计控制要求单位依据《中华人民共和国会计法》和国家统一的会计制度规定，制定适合本单位的会计制度，明确会计凭证、会

计账簿和财务会计报告的处理程序，建立和完善会计档案保管和会计工作交接的办法，实行会计人员岗位责任制，充分实现会计的监督职能。

④预算控制。内部会计控制要求单位加强预算编制、执行、分析、考核等环节的管理，明确预算项目，建立预算标准，规范预算的编制、审定、下达和执行程序，及时分析和控制预算差异，采取改进措施，确保预算的执行。预算内资金实行责任人限额审批，限额以上资金实行集体审批。严格控制无预算的资金支出。

⑤财产保全控制。内部会计控制要求单位限制未经授权的人员对财产的直接接触，采取定期盘点、财产记录、账实核对、财产保险等措施，确保各种财产的安全、完整。

⑥风险控制。内部会计控制要求单位树立风险意识，针对各个风险控制点，建立有效的风险管理系统，通过风险预警、风险识别、风险评估、风险分析、风险报告等措施，对财务风险和经营风险进行全面防范和控制。

⑦内部报告控制。内部会计控制要求单位制定和完善内部报告制度，全面反映经济活动的情况，及时提供业务活动中的重要信息，增强内部管理的实效性和针对性。

⑧电子信息技术控制。内部会计控制要求运用电子信息技术手段建立内部会计控制系统，减少和消除人为操纵因素，确保内部会计控制的有效实施。同时，要加强对会计信息系统的开发与维护、数据输入与输出、文件储存与保管、网络安全等方面的控制。

## 四、内部控制制度的建设

### (一) 现行企业内部控制中存在的主要问题

1. 观念陈旧

目前一些企业特别是有些国有企业对内部控制的认识存在两种倾向，值得注意：一是一部分人习惯于甚至满足于传统的经营管理方式，认为只要能够规范化操作就行，不必考虑是否先进；二是虽然大家意识到改革的必要性，但是容易片面强调组织结构改革的重要性，忽视了控制方式的跟进和强化。这就使企业的改革同微观治理机制相脱离。不论是维持传统的经营管理方式，还是片面以改革取代控制的观念，对企业的发展都是不利的，这些认识上的偏差都将阻碍企业内部控制的发展和完善。

### 2. 产权关系不明

产权制度改革是企业法人治理结构的核心，而规范的企业法人治理结构，关键要看董事会能否充分发挥作用。但在我国现阶段，企业的法人治理结构不够完善，甚至是有形无实的，尤其体现在董事会这一重要机构没有发挥应有的作用。有不少国有企业在改革过程中，一味地"放权让利"，致使原厂长负责制的领导班子现在既是经理层又进入董事会，董事会成员和经理成员高度重叠，致使国有单位产权主体缺位、权责不清。这种责、权、利不分的企业治理结构，导致所有者对经营者不能实施控制，作为代表企业股东利益的控制主体——董事会也就形同虚设。

### 3. 人员素质较低

某些国企或私企法人代表的业务素质较低，根本不懂内部控制制度为何物，当然也就谈不上加强内部控制制度建设了。

### 4. 监督机制不全

目前有很多企业的监督评审主要依靠内审部门来实现，而有些企业的内审部门隶属于财务部门，与财务部同属一人领导，内部审计在形式上就缺乏应有的独立性。另外，在内审的工作内容上，很多企业的内部审计部门仅仅是审核会计账目，而在内部稽查、评价内部控制制度是否完善和企业内部组织机构执行指定职能的效率等方面，未能充分发挥应有的作用。

## （二）未来企业内部控制制度的建设

企业内部控制的核心是会计控制，《中华人民共和国会计法》所要求的企业内部会计控制制度，是现代企业制度的重要内容，企业内部会计控制制度执行的好坏直接影响企业经济效益指标的真实与否及国家的经济运行指数。建立内部会计控制制度，应从下述四个方面进行。

### 1. 会计人员素质控制

内部会计控制制度采取的一切措施方法和程序，最终要由人来执行，所以最首要的是对会计人员素质的控制，包括以下内容：制定有效的用人政策；培养良好的职业道德和工作态度；对会计人员进行轮训或者继续教育，不断提高其业务技术能力；岗位延期轮换，以加强会计人员责任心；实行会计委派制，切实把"一把手"行使权力的过程纳入会计监督的范围。

2. 组织机构控制

在建立组织机构时，将具有控制功能的措施引入内部控制机制，使其具有防护性功能。这具体包括以下几方面。一是单独设立机构和会计人员，明确会计人员的职权范围。会计机构和会计人员依法行使职权，单位负责人不得授意、指使、强令会计机构、会计人员违法办理会计事项。这在法制上强化了内部会计的监督控制作用，确定了单位负责人与会计机构、会计人员的制约关系。二是会计人员职权要明确划分，明确各自应履行的权力和应尽的义务。财务与会计的工作职责要划分清楚，财务工作的职责是筹资、融资、制定信用政策、办理现金收支款项、协调各部门与银行间的关系；而会计工作的职责是真实地记录并反映经济业务、财务收支、资产变动及利润形成情况，进行纳税申报，编制相关的会计报表，提供会计信息等。三是会计内部人员岗位的划分要明晰。如出纳人员只负责现金及银行业务的收付款，结算登记现金及银行日记账，银行对账工作不应由出纳员负责，出纳人员不能接触和记录销售收入、往来账目、坏账核销等相关会计业务，以免从中作弊。

3. 业务处理程序及经营全过程控制

一切经济业务都须经过会计部门，明确各部门发生或经办有关业务与会计部门的关系，可以防止管理过程中漏洞的发生，同时也使会计资料反映更真实、准确、及时，减少会计记录的遗漏等错误。加强内部会计控制，应着重从采购业务控制、销售业务控制入手，采取"抓两头，带中间"的方法，严把采购、销售关，并加大对内部成本费用的控制力度。

首先，在采购环节，要严格执行内部控制手续，采用库存定额的管理办法，以库存量定采购量，在保证生产正常运行的前提下，确定合理库存定额，严禁超定额采购，对大宗材料采取订货单的控制办法或采用公开招标的办法，货比三家，以防舞弊。对于货物质量要严把入库关，入库手续须齐备，并由相关部门经手签章，以划清责任界限。领用材料要填制出库单，财务部门应按月与库房稽核对账，保证账实相符，以防监守自盗。

其次，销售环节应从产品价格制定入手，充分了解市场情况，制定合理的价位，杜绝乱降价、乱涨价等不利于企业的行为，以提高企业效益。国有企业应完善内部管理机制，每月制订销售计划，把经营过程纳入计划管理的轨道。在销售过程中从价格的制定、货物的发运、货款的回收到应收账款的形成和收回等都应着重控制。销售发票的管理、现销与赊销交易、产成品库存的管理等，都应纳入企业内部会计控制范围。

最后，任何经济业务的发生都离不开货币资金，因此，加强货币资金控制尤为重要。企业应按经济业务发生的时间记录现金及银行存款日记账，连续编号，对现金收据应登记控制，有条件的应使用收款机，收据由收款员、出纳员、财务负责人签章，存根妥善保存。出纳员与会计的职责区分清楚，一切付款业务，必须由会计人员审核无误后，经主管负责人签章，出纳员方可付款。支付工资等工作应手续齐全。日常零星开支应采取备用金制度，每天收入的款项应由会计人员审核，并登记入账，出纳员的工作与登记分类账工作分开，尤其是出纳员不得接近客户明细账，以防挪用和侵占公款。设置专人或由总账会计按月根据对账单进行对账，编制银行调节表，不得由出纳员担任此工作。企业支票与印章不能由出纳一人保管，以防虚开支票或挪用公款。

4. 会计记录控制

会计记录控制是整个会计控制的核心，包括会计凭证制度、完整的账簿制度、内部牵制制度、财产清查制度、严格的账簿核对制度、原始记录的管理与岗位交接制度、科学的收支预算制度、合理的会计政策和程序、会计档案的保管制度等。对这类问题，应按《中华人民共和国会计法》的相关规定办理。

## 第三节　会计基础工作和内部控制制度的关系

由于我国对内部控制的研究起步较晚，目前还未将内部控制与内部会计控制严格区分，因此，本节对会计基础工作与内部控制制度所做的比较，也仅是会计基础工作和内部会计控制制度的比较。

### 一、从内容上看会计基础工作和内部控制制度之间的关系

会计基础工作是各单位会计工作和经营管理工作的基本内容，是各单位配备会计人员、处理会计事项、进行会计监督和制定内部会计管理制度时所涉及的各项详细具体的工作。其主要包括：会计凭证的格式设计、取得、填制、审核、传递、保管等，会计账簿的设置、格式、登记、核对、结账等，会计报表的种类设置、格式设计、编制和审核要求、报送期限等，会计档案的归档要求、保管期限、移交手续、销毁程序等，会计电算化的硬件和软件要求、数据安全、资料保管等，会计监督的基本程序和要求，会计机构的设置要求，会计人员配备和管理要求，会计人员岗位责任制的建立和职责分工，会计人员职业道德的

建立和执行，会计工作交接的程序，单位内部会计管理制度的制定和实施等。

内部控制制度是指单位为了提高会计信息质量，保护资产的安全、完整，确保有关法律法规和规章制度的贯彻执行等而制定和实施的一系列控制方法、措施和程序。从本质上看，内部控制制度是一种管理活动，是单位整个管理系统的子系统。其主要包括货币资金、实物资产、对外投资、工程项目、采购与付款、筹资、销售与收款、成本费用、担保等经济业务的会计控制。

由此我们可以看出，会计基础工作主要涉及会计处理的具体工作和要求，而内部控制制度主要是按照单位的业务循环设计的各种制度和措施，二者虽然侧重点不同，但由于它们的对象都是会计工作，因此，我们不难看出其中的共同之处。就二者包含的共同内容来看主要有：会计核算的基本要求、不相容职务分离、建立岗位责任制、授权审批制度、定期稽核制度、内部会计监督和管理制度。

## 二、从规范的目的上看会计基础工作与内部控制制度的关系

目前，我国正处于建立和健全社会主义市场经济体制的过程之中，整个经济秩序急需理顺，然而，受局部利益的驱动，某些单位无视经济法规，肆意造假，提供失实的会计信息。会计信息整体质量仍不高，企业违规的问题主要集中在随意改变会计要素的确认标准和计量方法、人为操纵利润、长期投资管理混乱、合并财务会计报表编制不规范等方面。由于会计信息在整个经济信息中占有相当大的比例，因而会计信息的质量决定了经济信息的质量，进而影响经济工作决策的质量。虚假的会计信息削弱了会计工作为经济管理服务的作用，干扰了社会经济秩序，阻碍了我国的现代化进程。因此，如何避免会计信息失真现象已成为当前经济和社会中的一个亟待解决的问题。由于会计基础工作和内部控制制度对于单位加强会计核算和管理，促使单位会计工作的规范化、合法化，提高单位会计信息质量有着极其重要的意义，所以，财政部制定了《会计基础工作规范》以规范各单位的会计基础工作，针对内部控制制定了《内部会计控制规范》以规范各单位的内部控制制度。两个规范的目的都是更好地贯彻《中华人民共和国会计法》的有关规定，建立规范的会计工作秩序，提高会计信息的真实性与可靠性。另外，现代企业制度中科学管理也要求企业必须使各项工作科学合规。《会计基础工作规范》和《内部会计控制规范》殊途同归、相辅相成，在治理会计信息失真和建立现代企业制度过程中起着举足轻重的作用。

### 三、从规范的法律地位上看会计基础工作和内部控制制度之间的关系

我国正走在法制化的轨道上,任何一项工作,都必须合法合规,必须有法可依,会计工作也不例外。目前我国的会计法律法规体系主要包括会计法律、会计行政法规和会计规章三个层次。

第一层次是会计法律,是指调整我国经济生活中会计关系的法律总规范,即《中华人民共和国会计法》。《中华人民共和国会计法》是由全国人大制定,国家主席发布的。《中华人民共和国会计法》是会计法律法规体系中最高层次的法律规范,是会计法律法规体系中的最高法,是制定其他会计法规的依据,也是指导会计工作的最高准则。

第二层次是会计行政法规,是指调整经济生活中某些方面会计关系的法律规范。会计行政法规由国务院制定发布或由国务院有关部门拟订经国务院批准发布,是依据《中华人民共和国会计法》制定的,如《总会计师条例》《企业会计准则》等。

第三个层次是会计规章和制度,是指由主管全国会计工作的行政部门——财政部就会计工作中某些方面内容所制定的规范性文件,包括会计核算制度、会计规范、会计管理制度等。国务院有关部门根据其职责制定的会计方面的规范性文件,如实施国家统一的会计制度的具体办法等也属于会计规章,但必须报财政部审核批准。会计规章和制度是依据上面两个层次制定的,即按照会计法律和会计行政法规制定会计规章和制度。财政部已发布的《企业会计制度》《会计基础工作规范》《内部会计控制规范》等都属于会计规章和制度层次。

由此可见,《会计基础工作规范》和《内部会计控制规范》都是我国会计法律法规体系中的重要组成部分,是《中华人民共和国会计法》的重要配套法规,是对《中华人民共和国会计法》在有关会计基础工作和内部控制制度方面内容的具体化,是贯彻实施《中华人民共和国会计法》和其他会计行政法规的有力保障。如《中华人民共和国会计法》将"规范会计行为,保证会计资料真实、完整"作为立法宗旨,而《会计基础工作规范》和《会计内部控制规范》恰恰是符合这一宗旨的具体体现。如《会计基础工作规范》第一条就指出"为了加强会计基础工作,建立规范的会计工作秩序,提高会计工作水平,根据《中华人民共和国会计法》的有关规定,制定本规范";《内部会计控制规范》也在第一条指出"为了促进各单位内部会计控制建设,加强内部会计监督,维护社会主义市场经济秩序,根据《中华人民共和国会计法》等法律制定本规范",第二条指出"本规范所称内部会计控制是指单位为了提高会计信息质量,保护

资产的安全、完整，确保有关法律法规和规章制度的贯彻执行等而制定和实施的一系列控制方法、措施和程序"。另外，《内部会计控制规范》在目标中又指出内部会计控制是"规范单位会计行为，保证会计资料真实、完整"。因此，《会计基础工作规范》和《内部会计控制规范》同属会计法律法规体系中的第三层次，从属于前两个层次，是前两个层次贯彻执行的具体保证。二者共同为规范会计行为、提高会计信息质量发挥应有的作用。

# 第六章 会计电算化概述与管理

## 第一节 会计电算化的发展

随着网络时代的到来，全球经济一体化趋势日益加深，中国企业在面临网络化生存的同时，还需面对经济全球化的挑战。置身于国际大市场的中国企业必须运用科学的理论和方法改善其经营管理方式。会计是企业管理的核心，企业如何站在全球的战略高度去建立一个处于企业管理系统核心的会计信息系统，是我国会计电算化发展过程中面临的新课题。

1981年首次出现"会计电算化"的概念，然而真正的会计电算化的快速发展是得益于计算机编程技术的革新和发展。在这一期间，我国的会计电算化从最开始的自主尝试阶段发展到如今的商品化阶段。在如今信息化发展的时代背景下，很多企业都开始认识到会计电算化给企业发展带来的益处，也都对会计电算化给予重视。本节从当前我国会计电算化发展的现状着手进行分析，对其未来发展方向进行讨论，以期促使企业更好地利用会计电算化加快企业发展进程。

随着计算机信息科学技术的发展，各行各业已经普遍应用计算机，会计行业也是如此。"会计电算化"的概念是在1981年8月，长春第一汽车制造厂主办的一次计算机技术如何应用于财务、会计领域的主题研讨会上，由中国人民大学发起的。此后，我国会计电算化正式起步发展并逐步推广应用，当前很多计算机编程的会计软件对于解决各类会计实际问题大有裨益。例如，工资核算、固定资产核算、财务会计报表编制等业务已经完全取代了手工操作。然而，现阶段我国会计电算化工作发展仍然无法满足现在经济发展的需求。会计电算化还不能对会计工作进行事前的预测以及财务分析，无法满足企业经营管理者的要求。

## 一、会计电算化发展的必然性

目前的电算会计是为了替代手工记账,从以会计核算对外报告为目的的传统会计中产生的,我国会计电算化的弊端主要有以下几个方面:传统的电算会计由于产生的技术背景落后,只能支持局部应用,难以协同企业的财务与业务领域,无法实现网络化管理,更无法支持电子商务发展,不能适应网络时代企业管理的需要。目前我国会计电算化所依据的基础是我国的会计制度,从某种角度上讲,正是我国会计制度的特殊性给我国会计电算化的发展创造了较大空间。然而,我国会计必须走国际化道路,封闭自守不是其应有的特性。一方面,由于传统会计核算强调会计信息的真实性和可靠性,因此计价方法多采用历史成本原则,其软件也只是核算已经发生的历史会计信息,而忽视了前瞻性的信息。另一方面,由于技术方面的限制使财务软件无法做到会计信息的实时动态处理、事前的预测或提供前瞻性信息。《企业会计准则》规定我国的会计核算以人民币为计账本位币,企业的生产经营活动一律通过人民币进行核算反映,而企业使用财务软件主要以"甩账"(计算机替代手工记账),以及为有关部门提供相关报告为目的,这就决定了传统财务软件单币种和单语言性。财务软件依旧没有摆脱传统会计的束缚,强调的是遵循会计准则,以对外报告为主要目的。在会计与管理不断融合的今天,企业的经营管理者将越来越关注于通过财务软件获取对企业生产经营管理真正有用的信息,财务软件不单单是一个核算的工具而已,在功能上应突出管理的作用,如企业计划、预算、控制、成本管理、项目管理等,并建立决策支持系统。

## 二、会计电算化的应用历程

### (一)手工记账阶段

会计电算化的应用初期仅仅是进行简单的会计报表核算。早在1978年,在吉林长春就进行着简单的会计电算化的工作,但效果并不尽如人意。直到1981年8月,在中国人民大学与长春第一汽车制造厂举办的电子计算机专题研讨会上,才正式提出了"会计电算化"概念,我国会计电算化至此略见雏形。但是,此时对于会计电算化也仅仅是理论研究,没有广泛的信息来源。因此,对于企业来说,会计电算化还没有太大的应用价值。

### (二)计算机处理阶段

随着计算机系统的发展,人们开始将计算机的软件系统与日常的会计核算相结合,通过计算机的高储存性以及优越的计算能力,来实现企业内部各部门之间信息的有效融合,将企业的管理构成一个有机整体,从而建立较为完整的会计核算系统。在计算机处理阶段,会计电算化水平得到了明显的提升,为企业的财务管理提供了诸多的便利,并提供了具有高性能的处理软件。但会计电算化毕竟只是会计核算的辅助工具,是无法代替人类进行企业管理的。

### (三)融入专业知识阶段

在手工记账阶段以及计算机处理阶段,会计电算化工作的开展是严重缺少会计知识判断的,其录入的信息仅仅依靠人工检查的方式来进行判定。因此,引入会计电算化的企事业单位在会计信息录入的工作中,常常会出现因疏忽而导致信息录入错误但没能及时更正的现象,这在一定程度上会影响企业的发展。伴随着计算机处理阶段的不断发展,国内会计电算化的水平显著提升。特别是在2006年2月,我国政府颁布的《企业会计准则》中指出,不断丰富会计的专业知识,将之有机融入会计电算化之中,并通过与计算机处理系统的结合,促使会计电算化进入更高层次的阶段。这使得我国会计电算化发展进入新的阶段,也为会计电算化的进一步发展奠定了坚实的基础。

### (四)与更高层次的企业资源计划系统管理结合

企业资源计划(ERP)系统是现代社会运用较多的一种管理系统,其集成化程度较高,能够实现将信息管理化和管理决策融为一体。ERP主要应用在信息流管理、物流管理以及财务管理等方面,具有提高企业效益、便捷企业资源管理的优势。因此,会计电算化与ERP的结合在现代企业财务管理中应用广泛。

## 三、会计电算化的应用现状

### (一)应用推广普遍

随着信息技术的发展,越来越多的企业通过应用计算机来开展会计核算工作。一方面,是由于会计电算化有着更大发展潜力,能够更好地适应企业发展的需要;另一方面,会计电算化技术的不断发展,其计算方式的优越性越发突显,因而受到社会各界的认可与关注。同时,会计电算化是当前技术先进且效果较好的一种记账方式,也因此被诸多企业所采用。其必然会随着企业的发展,不断完善自身,进而更好地应用于企业。

### (二)会计软件开发向着工程化方向发展

会计电算化系统的运行是建立在计算机系统运用的基础上的,因此在其应用过程中,企业管理人员不仅对软件系统进行了有效的完善,还强化了管理组织机制的建立工作,并以此来保障会计电算化工作的有序开展,以便能够最大程度地发挥信息化工作的优越性,从而保证会计电算化在工作过程中可以更好地满足实际的需求。正因为如此,会计电算化与计算机系统间的联系更加紧密,也更好地满足了用户的需求。总的来说,当前的会计软件开发表现出较为突出的工程化特征。

### (三)促进企业完善会计运行体系

就目前国内大部分企业的会计工作来看,其会计运行体系一般都包含两类子系统,即财务会计和管理会计。随着时代不断发展进步,企业在增强自身经济实力的同时,还不断完善会计运行体系,以使会计信息的处理活动更加精简化,并努力实现代码化运行。也就是说,现代企业内部会计运行体系的两个子系统呈现逐渐融合之势,而这不仅可以满足企业的实际需求,也有利于会计行业的进一步发展。

## 四、未来会计电算化的应用趋势

### (一)信息处理和分析将更加专业化、智能化

随着国家信息化的发展,互联网技术、电子信息技术被广泛使用,这也带动了国内诸行业的发展。企业要想获得长远的发展,必须要适应这一社会趋势,充分实现企业内部的管理信息化,即通过计算机技术、电子通信技术、互联网技术,将企业研发、生产、销售等环节进行融合,实行统一管理,从而提升信息流通的高效性、实时性,最终实现对供应链有效管理的目的。一般来讲,信息的处理除需要从业人员具备较强的专业分析能力外,还要求其能够熟练运用计算机以及有着一定的会计电算化实践经验,从而使会计电算化信息分析更加趋于专业化、智能化。

### (二)会计软件的标准将更加清晰和成熟

经过多年的探索与实践,如今的人们对会计电算化的规律已有了较深的认

识,这极大地促进了会计软件开发工作的成熟与发展。正因为如此,会计软件的实用性也得到了显著的提升,我国会计软件自 20 世纪七八十年代开始进入高速发展时期,大量具有专业性的会计核算软件应用到会计核算市场,为企业实现会计电算化奠定了坚实的基础。当前我国市场上应用的会计软件一般仅具备核算功能,虽然其通用化程度较高,便于会计人员学习与使用,但是此类软件功能单一,且基本上模仿手工会计处理的方式、方法,没有考虑到会计核算的管理功能。因此,建立清晰的会计软件标准,进一步提升商品化会计软件的实用性,是会计电算化发展的重要趋势。

### (三)重视与管理会计系统的有机结合

为了实现长远发展的目的,现代企业大都建立了两个子系统,并且两者融合的趋势不断加大,这显著提升了会计信息处理的准确性以及便利性。随着经济全球化的发展,互联网以及电子商务对于企业的营销模式产生了极大的影响,传统的会计信息处理方式,缺乏前瞻性和国际观,已较难适应国际经济的发展需求。因此,一套公开透明、安全性能高、具备国际观的财务管理模式亟待建立。这种崭新的财务管理模式提出并实施之后,将会颠覆传统的会计观念,不论是在会计理论方面,还是在会计实务领域都会产生深远的影响。国内已有的会计软件的功能将会获得极大的丰富,从而显著推动我国会计电算化理论的发展,为我国企业发展提供新的动力,最终实现企业长远发展的目的。

### (四)大范围的信息处理网络将普遍推广和应用

会计电算化信息处理从形式上看是信息处理手段的变化,实质上却是生产方式的转变,是一种先进的生产力,因而具有广阔的发展前景。经济的发展及人们对电子技术认识的加深,必将使会计电算化获得普遍推广和应用。同时,随着网络技术的发展,大范围的会计信息处理网络也必将建立。未来会计电算化必将根据岗位制定职责、操作规范,进一步加强会计信息系统的安全性、保密性。

总的来说,会计电算化在国内各个领域的应用情况虽然并不尽如人意,但是也有着不小的成效。若想要进一步深化利用会计电算化,并缩小与国外发达国家在这方面的差距,我国就需要积极地对符合当前市场需求的会计软件进行研究,并加强这些软件在各企业间的推广与应用。企业方面也需要提升会计人员的专业素质,以确保会计电算化的作用得以充分发挥,从而使企业实现自身的可持续发展。

## 第二节 会计电算化实施的方法、作用及影响

信息技术的不断发展对各行各业都有或多或少的影响,对会计工作有重要的影响,突出表现在会计核算由传统的手工核算发展到现在实现电算化,并且至今很多企业已经形成了自身的会计信息系统。实际上,会计工作对企业的发展是十分重要的,因此正确深入认识会计电算化,重视会计电算化在会计发展过程中的重要地位是十分有必要的。本节就主要围绕会计电算化有效实施的方法进行阐述,为企业顺利实施会计电算化提出建议。

### 一、会计电算化有效实施的方法

#### (一)正确认识会计电算化

通俗来讲,会计电算化就是借助计算机技术来帮助企业做一些会计工作,这样对于很多会计工作就可以实现从手工核算到电算化的过程。一方面,计算机工作可以提高工作效率,减轻会计人员的工作负担;另一方面,计算机工作还可以提高会计工作的准确率,保证会计工作准确快速地完成。在会计电算化的过程中,一些研发会计电算化系统的企业并没有正确认识会计电算化,因此他们在研发时更多关注数据而忽略了会计信息,设计出的系统只能对各种凭证、单据、报表等进行较好地反映,对其中蕴含的会计信息不能很好地反映出来。此外,还有少数企业的领导人并没有真正意识到会计电算化的重要性,在实际的工作中忽略了会计电算化。实际上,会计电算化的目标不仅仅是简单提供一些报表而已,而是要考虑到企业整体发展的需要,通过一些数据反映出更多有用的信息,为企业管理者的决策提供有力的依据。不管是软件设计公司,还是使用计算机进行会计工作的企业,都应该正确认识会计电算化,这样才能保证其顺利实施。软件设计公司只有正确认识会计电算化,其设计出的会计系统才能更好地为企业提供会计服务。而企业只有正确认识会计电算化才能将其更好地运用到实际的会计工作中,帮助企业处理会计工作,从而大大提高会计工作的效率。因此,正确认识会计电算化是其有效实施的基础。

#### (二)软件设计公司应该不断研发新的财务软件

要想更好地进行会计电算化工作,前提就是要不断加强财务软件的开发力

度，只有研发出符合企业发展的财务软件才能更好地为企业服务。现在的很多财务软件还存在一定的缺陷，如有些高级财务管理人员能够通过后台对相应的数据等进行修改，这样就很容易出现问题。针对这一问题软件公司给出了相应的解决办法：在财务软件中安装文件修改体系，通俗地说就是，一旦财务软件中有信息被修改了，系统就借助相应的检测软件指出改动的地方，并提醒使用者注意已修改的部分，这样就可以很好地改善系统被财务人员随意修改的问题。当然在信息技术和企业不断发展的过程中，使用会计电算化肯定还会出现一些其他的问题。这就需要相应的财务软件研发公司根据企业的实际需要和出现的一些问题加强财务软件的修复与升级，以保证企业更好地实施会计电算化。

### （三）制定完善的会计电算化法律法规

当前国家的一些会计法规只是针对手工记账，在会计电算化方面，相应的会计法规并不是很完善，这样就会使得企业在使用会计电算化的过程中出现一些违法行为，却没有相应的会计法规进行制裁，这对会计电算化的顺利实施是十分不利的。此外，我们还应该意识到，要想使会计电算化的研发和使用更加正规、完善、合法，只是简单地依赖现行的会计法规是不够的，因为会计电算化违法不同于传统的会计违法，其很有可能涉及一些新的犯罪行为。因此，国家有必要根据会计电算化的实际使用情况制定相应的法律法规，这样才能规范财务人员的行为，保证会计电算化的顺利实施。

### （四）健全会计档案管理机制

企业在使用会计电算化的过程中，很容易忽略会计档案的管理和保存。因为在会计电算化背景下，会计档案的存放形式是光盘或者磁性介质。由于计算机电子存放的一些弊端，企业在进行电子档案存放的时候一定要进行备份，并且要标明档案制作时间以及相应的操作人员的名字，然后分别放在不同的地方。这样一旦出现意外，会计档案被损毁就可以启用备份，确保会计工作顺利进行。

### （五）依靠审计人员减少会计电算化的舞弊行为

审计人员可以对企业计算机中的账务进行审计，查出其中存在问题的账目，同时还可以检测企业财务内部控制的有效性，指出该企业在财务内部控制方面存在的问题，帮助企业完善财务内部控制，从而减少会计电算化的舞弊行为。财务软件研发公司应该考虑到会计内部控制的需求，提前想到可能出现的一些问题，如随意修改财务数据、改变财务执行程序等，并提前给出解决方法。企业在使用会计电算化的时候应该做好岗位的分离，以尽量减少财务舞弊行为的发生。

综上所述，会计电算化的有效实施可以大大降低企业会计工作的工作量，提高会计工作的效率，为企业管理者及时提供相应的信息。因此，企业一定要采用有效的方法，保证会计电算化的有效实施。

## 二、会计电算化实施的具体作用

### （一）提高会计核算结果的质量

随着网络时代的到来，互联网与社会的各个方面都有着密不可分的关系，会计行业的会计核算方法也不例外。在如今的会计行业中，会计核算方法逐步与计算机以及软件相互联合，日趋向会计电算化的方向发展。众所周知，在以往的会计行业当中，大部分的工作是由会计人员手工核算完成的。而这种手工核算的方法弊端在于，工作内容繁杂、操作不便，工作方法难以达到行业的标准。因此，在这种情况下，会计核算与计算机联合已经成为一个必然的趋势。在会计工作中使用与会计核算工作相适应的计算机软件，避免数据错误和财务漏洞的情况发生，有效地减少了人工核算方式对会计核算结果的不利影响，使之具有科学性和准确性。

### （二）现代企业管理的高效率化与信息化

现代企业管理的高效率化与信息化是这个时代的要求。如何实现高效率化与信息化，其中一个方面就在于引领会计行业的核算方式朝会计电算化的方向发展，意味着企业的管理者要具有现代信息化管理的意识，才能够促进会计工作的与时俱进和合理发展。只有会计工作充分实现电算化，才能够促进企业的有效发展，在企业的发展过程中，完善企业的管理体制，加强企业在会计工作方面的管理，提高会计体系的科学性和先进性[①]。

### （三）提高会计行业从业人员的职业素质

从当前会计行业中从业人员之间的竞争情况来看，会计人员之间所具备的职业素质还有较大的差距，职业能力素养良莠不齐。因此，我国目前亟须会计从业人员在自身的职业素养和职业能力这两个方面做出有效的努力和较大的提升。要达到这两个方面的标准，就与会计电算化产生了紧密的联系。会计人员需要把会计电算化与自身工作相结合，将其应用到有关的会计核算软件当中，

---

① 余芳. 会计信息化对企业财务管理的影响分析及对策探究 [J]. 全国商情，2016（23）：35-36.

对于以往的会计核算方式进行转型,提高会计的工作效率。这就需要加强会计方面的网络研发,以迎合会计电算化的时代潮流。

### 三、会计电算化实施对会计工作方法的影响

#### (一)对会计工作内容的影响

会计电算化在会计工作当中的应用不仅改变了以往传统的核对工作方式,而且对于会计的工作效率有了很大的提高。但是,由于会计核算是由人为操作的,所以或多或少会受到人为影响,降低会计工作的准确性。这需要相关方面加强对会计核算结果的审查,确立会计审查的规章制度与流程,以此来保证会计核算结果的准确性和合理性。

#### (二)对会计审查监督的影响

会计审查监督在财务工作中占有非常重要的地位。但是就目前的情况而言,如何对会计工作进行合理有效的审查监督,依然是一个非常棘手的问题。这就需要审计人员有效地掌握会计电算化软件的操作过程,明确会计审查的职责与内容。如此才可以大力推进会计审查监督在会计电算化潮流中的合理发展。

在当今的网络信息化时代,对于会计电算化的普及是具有深刻的时代意义的。这种趋势不仅会对会计核算工作产生巨大的影响,还能够给会计行业带来一场巨大的技术革命。具体而言,在会计电算化普及的过程当中,对于以往会计的工作内容和工作方法进行合理的调整,推动会计工作的实践内容进行创新。长此以往,这样也能够有效地扩大经济和金融知识的普及面,从侧面推动计算机网络技术的更新与发展。

本节通过以上三个方面,具体得出以下结论:基于对传统的会计工作方法进行的改革,能够对会计工作的未来发展起到很好的推动作用。

## 第三节 会计电算化岗位责任制

### 一、建立会计电算化岗位责任制的意义

建立、健全会计电算化岗位责任制,一方面,可以加强企业内部牵制,保护资金财产的安全;另一方面,可以提高会计电算化的工作效率和质量,充分

发挥会计信息系统的作用和效益。

## 二、会计电算化岗位的划分

实施会计电算化后的工作岗位可分为基本会计岗位和电算化会计岗位。

### （一）基本会计岗位

基本会计岗位方面可设置会计主管、出纳、会计核算、稽核、会计档案管理等工作岗位。

### （二）电算化会计岗位

电算化会计岗位包括电算主管、软件操作、审核记账、电算维护、电算审查、数据分析、档案资料保管、软件开发等工作岗位。

电算化会计可设立如下岗位。

1. 电算化主管

负责协调计算机及会计软件系统的运行工作，要求具备会计和计算机知识以及相关的会计电算化组织管理的经验。电算化主管可由会计主管兼任，采用中小型计算机和计算机网络会计软件的单位，应设立此岗位。

2. 基本会计岗位和会计电算化岗位的交叉

可在保证会计数据安全的前提下交叉设置，各岗位人员要保持相对稳定。中小型单位和使用小规模会计电算化系统的单位，可根据本单位的工作情况，设立一些必要的电算化岗位，有些岗位可以由一个人担任。

## 三、会计电算化岗位责任制的基本内容

各单位应根据工作的需要，建立会计电算化岗位责任制，明确每个工作岗位的职责范围，切实做到事事有人管、人人有专责、办事有要求、工作有检查。

### （一）电算主管的责任

①负责电算化系统的日常管理工作，监督并保证电算化系统的正常运行，使系统运行达到合法、安全、可靠、可审计的要求。在系统发生故障时，应及时组织有关人员尽快恢复系统的正常运行。

②协调电算化系统各类人员之间的工作关系，制定岗位责任与经济责任的考核制度，负责对电算化系统各类人员的工作质量进行考评，并提出任免意见。

③负责计算机输出的账表、凭证等数据的正确性、及时性的检查工作。

④制定电算化系统各种资源（硬件资源和软件资源）的调用、修改和更新的审批制度，并监督执行。

⑤完善企业现有的管理制度，充分发挥电算化系统的优势，对于单位会计工作提出改进意见。

### （二）软件操作员的责任

①负责所分管业务的数据输入、数据处理、数据备份和输出会计数据（包括打印输出凭证、账簿、报表）的工作。

②严格按照操作程序操作计算机和会计软件。

③数据输入操作完毕，应进行自检核对工作，核对无误后交审核记账员复核记账。对审核记账员提出的会计数据输入错误，应及时修改。

④每天操作结束后，应及时做好数据备份并妥善保管。

⑤注意安全保密，各自的操作口令不得随意泄露，定期更换自己的密码。

⑥离开机房前，应执行相应命令退出会计软件。

⑦操作过程中发现问题，应记录故障情况并及时向系统管理员报告。

⑧每次操作软件后，应按照有关规定填写上机记录。

⑨出纳人员应做到日清月结，现金出纳每天都必须将现金日记账的余额与库存现金进行核对，使二者保持一致；银行出纳每月都必须将银行存款账户的余额与银行对账单进行核对，使二者保持一致。

⑩在原始凭证直接录入计算机并打印输出的情况下，记账凭证上应有录入人员的签名或盖章，收付款记账凭证还应由出纳人员签名或盖章。

### （三）审核记账员的责任

①审核原始凭证的真实性、正确性，对不合规定的原始单据不作为记账凭证依据。

②对不真实、不合法、不完整、不规范的凭证退还给各有关人员修改更正后，再进行审核。

③对操作员输入的凭证进行审核并及时记账，并打印出有关的账表。

④负责凭证的审核工作，包括各类代码的合法性、摘要的规范性、会计科目和会计数据的正确性，以及附件的完整性。

⑤对不符合要求的凭证和输出的账表不予签章确认。

⑥审核记账员不得兼任出纳工作。

⑦结账前，检查已审核签字的记账凭证是否全部记账。

**（四）电算维护员的责任**

①定期检查电算化系统的软件、硬件的运行情况。

②及时对电算化系统运行中软件、硬件的故障进行排除。

③负责电算化系统的升级和版本更新的调试工作。

④在会计电算化系统人员变动或会计科目调整时，负责电算化系统的维护。

⑤会计软件不能满足单位需要时，应及时与本单位软件开发人员或商品化会计软件开发、经销单位联系，进行软件功能的改进。

**（五）会计档案资料保管员的责任**

①按会计档案管理有关规定行使职权。

②负责本系统各类数据，系统软盘、光盘及各类账表、凭证、资料的存档保管工作。

③做好各类数据、资料、凭证的安全保密工作，不得擅自出借。经批准允许借阅的会计资料应认真进行借阅登记。

④按规定期限，向各个会计电算化岗位人员催交有关的软盘资料和账表凭证等会计档案资料。

**（六）电算审查员的责任**

①负责监督计算机及会计软件系统的运行，防止利用计算机进行舞弊。

②审查电算化系统各类人员的工作岗位的设置是否合理，制定的内部牵制制度是否合理，各类人员是否越权使用软件，防止利用计算机进行舞弊[1]。

③发现电算化系统问题或隐患，应及时向会计主管反映，并提出处理意见。

**（七）数据分析员的责任**

①负责对计算机内的会计数据进行分析。

②规定适合本单位实际情况的会计数据分析方法、分析模型和分析时间，为企业经营管理及时提供信息。

③每日、月、年，都要对企业的各种报表、账簿进行分析，为单位领导提供必要的信息。

④在企业的重大项目实施前，应通过历史会计数据的分析，为决策提供详

---

[1] 常洪瑜.会计信息化对企业财务管理的影响及对应策略分析[J].时代金融，2016（12）：154.

实、准确的事前预测分析报告;在企业的重大项目实施过程中,应通过对有关会计数据的分析,提供项目实施的相关情况(如进度、成本、费用等)的分析报告;在企业的重大项目实施后,应通过对会计数据的分析,提供项目总结的分析报告。

⑤根据单位领导随时提出的分析要求,及时对会计数据进行分析,以满足单位经营管理的需要。

**(八)软件开发员的责任**

①负责本单位会计软件的开发和软件维护工作。
②按规定的程序对软件实施维护,以保证软件的完善性、适应性和正确性。
③软件开发人员不得操作会计软件进行会计业务的处理。
④按电算主管的要求,及时完成对本单位会计软件的修改和更新,并建立相关的文档资料。

### 四、中小企业实行会计电算化后的岗位设置

中小企业实行会计电算化后的电算化会计岗位设置,应该注意满足内部牵制制度的要求,如出纳和审核记账不应是同一人,软件开发人员不能操作软件处理会计业务。较小单位电算化岗位的设立可由会计主管兼任电算主管和审核记账岗位,由会计人员操作软件担任操作员和电算维护员,还应单独设立出纳员岗位。

## 第四节 会计电算化管理制度

### 一、计算机硬件、软件、数据管理制度

**(一)计算机硬件设备维护管理制度**

机房设备安全和计算机正常运行是实行会计电算化的前提条件,计算机硬件设备的维护主要包括以下几点。

①保证机房设备安全和计算机正常运转的措施。
一是要经常对硬件设备进行保养、检查,保持机房和设备的整洁,防止意外事故的发生,保证硬件系统正常运行。

二是要定期对计算机场地的安全措施进行检查,如对消防和报警、地线和接地、防静电、防雷击、防鼠害、防电磁波等设备进行检查,保证这些设备的有效性。

②排除计算机硬件、软件故障,保证会计数据完整的措施。

第一,在系统运行过程中,出现硬件故障时,应及时进行故障分析,并做好检查记录。

第二,在设备更新、扩充修复后,由系统管理员与维护人员共同研究决定,并由系统维护人员实施安装和调试。

第三,在硬件维护工作中,小故障的维护可以通过计算机命令或各种软件工具来解决,一般由本单位的维护人员来做。较大的故障,本单位的技术人员没有能力解决的,一般需要与硬件经销单位联系,使其协助解决。

③使用不间断电源,避免因断电而破坏会计数据。

④防火措施。机房应该设置必要的防火设备,经常检查其完好性。

### (二)软件维护管理制度

软件维护包括系统软件和会计软件的维护。

系统软件是由系统开发商提供的,一般购买计算机时就配备好了,也可以通过购买得到。系统软件不需要修改,维护比较简单。系统软件维护的主要任务是检查系统文件的完整性,杜绝系统文件被非法删除和修改,保证系统软件的正常运行。

会计软件维护是会计电算化系统维护的主要工作,包括操作维护与程序维护两方面。会计软件维护主要有以下内容。

①确保会计数据和会计核算软件安全保密的措施。

第一,应加强日常操作维护工作,如通过操作软件进行索引,删除系统垃圾文件等。

第二,系统维护人员负责会计软件的维护工作,日常使用软件过程中发现的问题,应及时解决,否则,将影响正常的会计工作。系统维护人员不能解决的问题,应马上求助于会计软件公司的专职维护人员或本单位的软件开发技术人员,以保证系统的正常运行。

第三,在软件修改、版本升级和硬件更换过程中,要保证实际会计数据的连续与安全,并由有关人员进行监督。

②会计核算软件程序修改权限的审批、监督措施。

一是对于正在使用的会计核算软件进行修改、对于会计核算软件进行升级和对于计算机硬件设备进行更换等工作,要有一定的审批手续。

二是对于使用商品化会计核算软件的单位,其软件的修改、版本升级等程序维护工作是由软件开发、经销单位负责的,单位的软件维护人员的主要任务是与软件开发、经销单位进行联系,及时得到新版会计核算软件。

三是对于自行开发软件的单位,程序维护则包括正确性维护、适应性维护和完善性维护等内容。正确性维护是指诊断和改正错误的过程;适应性维护是指当单位的会计工作内容发生变化时,为适应变化了的工作内容而对软件进行修改;完善性维护是根据单位需求对软件已有的功能进行的修改活动。自行开发软件的单位一般应配备专职系统维护人员进行软件程序维护。

### (三)会计数据安全维护管理制度

会计数据的安全维护是为了确保会计数据和会计软件的安全保密,防止对数据和软件的非法修改和删除,包括以下几点。

①必须经常进行备份工作,以避免意外或人为错误造成数据的丢失,每日必须对计算机内的会计资料在计算机硬盘中进行备份。

②需要做备份的内容,是能够完全恢复会计系统正常运行的最少的数据,一般包括系统设置文件、科目代码文件、期初余额文件、凭证、各种账簿、报表及其他核算系统的数据文件。

③对磁性介质存放的数据要保存双备份,备份盘应该定期检查复制,保证不丢失数据。

④系统维护工作一般由系统维护人员或指定的专人来做,数据录入员、系统操作员等其他人员不得进行系统维护操作,系统管理员可进行操作维护但不能执行程序维护。

⑤在软件修改、升级和硬件更换的过程中,要遵守保证实际会计数据的连续和安全的工作程序。

⑥建立防治计算机病毒的措施,及时预防、检测、清除计算机病毒。计算机病毒的存在是会计信息系统正常运行的隐患,其能够破坏会计软件和会计数据,因此应该避免使用来历不明的软件和各种非法拷贝的软件,不在财务专用计算机上玩游戏,防止计算机病毒的传入,使用防病毒卡的应该及时更换最新版本。

⑦制定会计电算化系统发生意外事故时的会计数据维护制度,以解决因发生意外事故而使数据混乱或丢失的问题。

实施会计电算化的单位,必须健全计算机硬件出现故障进行排除的管理措施,以保证会计数据的完整性。

## 二、计算机操作管理制度

计算机操作管理制度的主要内容有以下几点。

①明确规定上机操作人员对会计软件的操作内容和权限。操作人员对密码要严格管理、定期更换。密码是限制操作权限、检查操作人员身份的一道防线,管理每个操作人员的密码,对整个系统的安全至关重要。

②防止非指定人员进入计算机房操作计算机,杜绝未经授权人员操作会计软件,防止操作人员越权使用软件。

③按软件的操作功能和会计业务处理流程操作软件,会计人员要按规定录入原始数据的各种代码、审核凭证、记账、执行各功能模块、输出各类信息等。

④预防已输入计算机的原始凭证和记账凭证等会计数据未经审核而登记机内账簿。

⑤操作人员在离开机房前,应执行相应的命令退出会计软件,否则密码的防线就失去了作用,会给无关人员操作软件留下机会。

⑥计算机程序的上机操作日志,记录了操作人、操作时间、操作内容、故障情况等内容,其他操作记录由专人保管。

⑦及时备份是保证会计数据安全、完整的措施。

⑧防止计算机病毒的侵入。

## 三、会计业务程序管理制度

①要按照现行会计制度及《会计基础工作规范》的要求处理会计业务。

②预防已输入计算机的原始凭证和记账凭证等会计数据未经审核而登记机内账簿,保证会计数据正确合法。

③会计凭证制证、审核应分别由两个人完成。

④电算化条件下发现错误的更正方法。

第一,记账凭证未经审核,且尚未记账前,发现凭证有错误,可以直接修改。

第二,记账凭证已经审核,但尚未记账前,发现凭证有错误,应退给审核人员,重新确认有误后交原制证人进行修改。

第三,记账凭证已经审核,并已登记机内账簿后发现错误,不能直接修改,应采用红字(可用负数表示)冲销法予以更正。即填制一张与错误凭证内容、金额相同,只是金额为红字(可用负数表示)的记账凭证,予以冲销,然后再填制一张正确的凭证。

第四，电算化条件下不允许在计算机打印输出的凭证、账簿上划线修改错误。

⑤替代手工记账后，各单位应做到当天发生的业务，当天登记入账，现金和银行存款日记账应日清月结。

⑥要保证会计凭证的编号连续。

⑦要按规定程序编制转账凭证。

⑧期末要按规定时间及时结账。结账前应检查、确认本期全部凭证是否已登记机内账簿。

⑨期末应及时生成和打印输出会计报表。

⑩在保证凭证、账簿清晰的条件下，计算机打印输出的凭证、账簿中表格线可适当减少。

⑪在当期所有记账凭证数据和明细分类账数据都存储在计算机内，总分类账可以从这些数据中产生的情况下，才可以用"总分类账户本期发生额及余额对照表"替代当期总分类账。

⑫要按有关规定装订会计原始凭证、记账凭证、账簿、报表等。

⑬要灵活运用计算机对数据进行综合分析，定期或不定期地向单位领导报告主要财务指标和分析结果。

## 四、会计电算化档案管理制度

### （一）会计电算化档案的内容

会计电算化档案包括存储在计算机中的会计数据、以磁性介质或光盘存储的会计数据、计算机打印输出的书面形式的会计数据、会计软件源程序及有关资料。

商品化会计软件、定点开发会计软件、商品化与定点开发相结合会计软件的全套文档以及会计软件程序，应视同会计档案保管，保管期限截止到该软件停止使用或重大更改之后的5年。

### （二）会计账簿、报表的生成与管理

①现金日记账和银行存款日记账要求每天登记，业务量大的单位应打印输出，做到日清月结。

现金日记账和银行存款日记账的打印，由于受到打印机条件的限制，可采

用计算机打印输出的活页账页装订成册,每天业务较少、不能满页打印的单位,也可定期打印输出。

②一般账簿可以根据实际情况和工作需要按月或按季、按年打印;发生业务少的账簿,可以满页打印。

③在所有记账凭证数据和明细分类账数据都存储在计算机内的情况下,总分类账可用"总分类账本期发生额及余额对照表"替代。

④在保证凭证、账簿清晰的条件下,计算机打印输出的凭证、账簿中表格线可适当减少。

⑤在原始凭证直接录入计算机并打印输出记账凭证的情况下,记账凭证上应有录入人员、稽核人员、会计主管人员的签名或盖章。收付款记账凭证还应由出纳人员签名或盖章。打印生成的记账凭证,应按《会计档案管理办法》的有关规定归档保管。

⑥计算机与手工核算并行工作的期间,可以保存手工记账凭证,也可以用计算机打印输出的记账凭证替代手工填制的记账凭证,并根据有关规定进行审核,装订成册,加盖骑缝章,作为会计档案保存。

⑦记账凭证、总分类账、现金日记账和银行存款日记账,要按照税务、审计等管理部门的要求,及时打印输出账簿、报表。

⑧采用磁带、磁盘、光盘、微缩胶片等介质存储会计账簿、报表,作为会计档案保存的单位,如果不再定期打印输出会计账簿,必须征得同级财政部门的同意。

⑨各单位每年形成的会计档案,都应由财务部门按照归档的要求,负责整理立卷、装订成册。账簿应有封皮、封底和启用一览表。打印的凭证、账簿、报表不允许有手工更改的数字。

当年的会计档案,在会计年度终了后,可暂由本单位财务部门保管1年。期满后,原则上应由财务部门编造清册移交本单位档案部门保管。

⑩各单位保存的会计档案,向外单位提供利用时,档案原件原则上不得外借,调查会计档案应有审批借阅手续。

⑪各单位对会计档案必须进行科学管理,做到妥善保管、存放有序、查找方便。

### (三)会计档案的安全与保密措施

①对存档的会计资料要检查记账凭证上录入人员、稽核人员、会计主管人员的签名或盖章,收付款记账凭证还应由出纳人员签名或盖章。

②对会计电算化档案管理要做好防磁、防火、防潮、防尘、防盗、防虫蛀、防霉烂和防鼠咬等工作,重要会计档案应准备双份,存放在两个不同的地点,最好存放在两个不同的建筑物内。

③采用磁性介质保存会计档案,要定期进行检查,定期进行复制,防止由于磁性介质损坏,而使会计档案丢失。

④大中型企业应采用磁带、光盘、微缩胶片等介质存储会计数据,尽量少采用软盘存储会计数据。

⑤存有会计信息的磁性介质及其他介质,在未打印成书面形式输出之前,应妥善保管并留有副本。

⑥严格执行安全和保密制度,会计档案不得随意堆放,严防损毁、散失和泄密。

⑦各种会计资料,包括打印出来的会计资料以及存储会计资料的软盘、硬盘、计算机设备、光盘、微缩胶片等,未经单位领导同意,不得外借和带出单位。

⑧经单位领导同意的会计资料借阅,应该履行相应的借阅手续,经手人必须签字记录。存放在磁性介质上的会计资料借阅归还时,还应该认真检查,防止感染病毒。

⑨会计档案应该由专人负责保管。

⑩对违反会计档案管理制度的,应该进行检查纠正,情节严重的,应当报告本单位领导或财政、审计机关严肃处理。

# 第七章 会计管理的理论研究

## 第一节 会计管理概述

科学合理的会计管理体系可以有效促进企业的顺利发展,也是稳步提升市场经济发展水平的前提。当前的经济发展现状,使得我国会计管理工作仍存在着一定的问题,要想解决这些问题,就要对其进行控制管理。基于此,本节先对会计管理的意义进行了阐述,然后对其现状进行了分析,并结合会计管理工作中出现的问题,提出了有效的控制措施。

随着经济的快速发展,企业获得了更多的经济交流机会,同时也承担了风险。在实际工作的过程中,由于会计对企业的发展产生直接的影响,因此,对会计管理工作进行优化,有利于提升企业的发展水平。

### 一、会计管理的意义

一个企业能不能获得长足的发展与会计管理工作息息相关,而合理的会计管理模式能够使企业减少投资成本、增加利润。会计部门定期将会计信息提供给企业管理者,对企业管理者做出决策非常有利。而在企业管理活动中,会计是一项基础工作,在企业中发挥着极其重要的作用,如果没有引起管理者的高度重视,就会阻碍会计职能作用的发挥,也会影响到企业的发展。结合会计信息,对企业发展方向进行明确,有利于企业制订切实可行的计划。会计工作在一定程度上影响着企业的发展,要对企业资源进行合理的配置,通过较少的资金成本,获得较多的利润,使企业占据市场优势。会计工作在企业发展过程中具有非常重要的意义,所以企业管理者要更规范地对会计工作进行管理,并对企业经营情况进行及时反映,降低成本,提高企业管理水平。

我国国有资产流失较为严重，并呈现出了增加的态势，不严格的会计监督管理方式是导致这一结果的原因之一。会计管理指的是，在经济体制下，对各企业会计实务管理与组织的方式。在经济体制下，会计管理工作要与其发展的需求相适应。从调查分析中可知，目前，我国会计管理与经济体制相适应的调整比例还是比较低的。从这个调查结果中可以知道，我国会计管理工作的改革还是比较滞后的，也无法满足新经济体制发展的需求，甚至给经济的进一步发展带来了一定的阻碍，具体情况从以下方面进行分析。首先，从组织方面分析，会计管理主体与所要管理的对象出现了脱离的状况，联系不密切。由于会计管理的主体是财政部门，而管理对象是各级会计工作人员，从归属方面分析，财政部门与会计从业人员不是同一个主体。因此，出现脱离的状况，使得财政部门无法将会计管理的任务进行分配，也无法进行有效的考察。其次，从利益约束方面分析，财政部门与会计从业人员之间也是处于分离的状况，财政部门的利益是国家政府层面的，而会计从业人员的利益与其所在的企事业单位的经营情况有着一定的关联。据调查分析，会计从业人员在维护国家利益与维护所在单位利益方面，更加倾向于维护所在的单位利益。这样便会导致偷税、漏税现象的发生，并对国家的利益造成了一定的损害，进而导致国有资源出现大量流失的违法行为发生，使国家的宏观会计目标难以实现。最后，由于没有一套完善的会计管理方法，进而导致会计管理工作出现混乱的局面。当前，我国会计从业人员的数量是非常多的，但是，从人员综合素质方面分析，还存在着一定的问题。所以，需要加强会计从业人员的培训及其教育工作。

## 二、会计管理存在的问题

### （一）信息出现失真的现象

会计信息可靠能够使政府与企业更好地进行决策，如果会计信息出现了失真、混乱的局面，就会给国家的宏观调控工作带来一定的误导，并影响到国家的利益。另外，会计信息失真还会给领导者决策带来一定的影响。

### （二）会计管理意识薄弱

很多领导者不重视会计管理工作，会计管理对企业的重要作用也没有被充分意识到。在会计管理的控制机制上，还存在着一定的薄弱环节。有的企业管理混乱，而且没有制定一套切实可行的监督审核程序，进而导致不能真正落实相关政策；有的基层领导为了将任务尽快完成，往往忽略了会计管理工作，如没有对会计科目进行认真核算，导致乱用科目的现象；有的为了获得不当收入，私自建立"小账本"，对会计报表弄虚作假。由于会计管理制度的不严格，导致这些现象的出现，还会给经营带来一定的阻碍，影响到企业的有序发展。

### （三）会计法规缺乏一定的执法力度

伴随着经济的迅速发展，会计工作逐步规范，国家也出台了一系列的法律法规，以改变无法可依的会计状况，但是，国家还没有出台一套严密的法规，一些关键的细则没有及时制定，因此，对于会计法律法规的制定已无法满足会计改革的需求，在会计工作中，缺乏具体的细节指导。通过研究发现，目前还存在着很多违法现象，其手段也较为明显，而有的行为通过监管部门监督，是能够避免的。立法不到位、执法不严格，导致了一些不良行为的出现，也影响到国家的利益，还给企业的经济效益造成一定的损失。

### （四）监督机制不到位

在会计管理工作中，不管是企业外部还是内部，都会出现一系列的监督问题。在企业内部财务监督方面的工作主要是员工内审，而人事与薪酬方面是由管理者掌控的，所以，内部监督只是形式主义，没有真正发挥出其应有的作用。而执行外部监督的注册会计师有时在素质、职业道德等方面与实际情况存在一定的差距，加之恶性竞争现象的存在，使其在审计的时候，往往流于形式。

### （五）会计人员整体素质有待提升

在我国，由于会计人员整体素质较低，业务水平不高，对会计信息掌握的程度不高，容易产生很多错误，也会影响到会计管理制度的推行。有的企业为了降低成本，聘请兼职会计人员，导致企业在决策的时候，缺乏一定的合理性，在核算的过程中，也只是以报表应付，这也阻碍了会计管理作用的发挥。

## 三、会计管理的控制措施

### （一）结合信息化形式进行管理

在对会计工作进行管理的时候，可以设计一个数据库，实现会计信息的网络化管理，通过分类储存的方式，可以有效节约数据查找、补录等的时间，进而大大提升工作效率，提高会计工作的质量。

## （二）健全企业内部监管体系

要提高企业内部监督管理的水平，会计工作就不仅仅是会计部门的工作，更是企业经济发展的关键。因此，建立一套切实可行的监督管理体系，有利于提升会计管理质量，深化改革。在适当的时候，企业还可以通过引入第三方机构，对会计管理工作进行监管，从而达到理想的效果。

## （三）会计监督机制的改革

在会计管理工作中，政府要以适当的立法为基础，可以把会计实务交由相关团体进行管理，这样政府就可以专注于立法管理方面，对法律法规方面进行建设，保证有法可依，从而提升政府对会计工作的管理效率。

## （四）提高会计从业人员的整体素质

在管理工作中，要先以职业道德培训为主，一方面，强化培训力度，进而大大提升会计从业人员的专业水平和综合素养；另一方面，还要对会计从业人员进行监督，对会计发展现状进行分析，并全面做好审核管理，发现问题及时整改，从而更好地促进企业会计工作的开展。

## （五）会计制度的制定

一套完善的会计制度，可以对会计部门所要承担的责任进行明确，保障会计管理工作的有序开展。而企业管理人员要具有责任心，发现问题及时进行整改。要以《中华人民共和国会计法》作为立法依据，与企业内部的制度有机结合起来，实现会计工作的规范化管理。要与其他管理部门配合，以企业经济发展为目标，对会计制度不断进行优化，从而降低问题出现的概率，进而推动企业的健康发展。

## （六）增强会计从业人员的业务能力

近年来，随着各项技术的发展，会计从业人员的业务能力也要不断提升，才能适应社会发展的需求。企业要不定期地对会计从业人员进行会计业务的培训，并通过引入其他单位的优秀会计人员，对本单位员工进行培训。此外，企业还要鼓励会计从业人员对理论知识进行学习，提升业务能力，从而更好地为企业的发展做出应有的贡献。

综上所述，随着市场经济的快速发展，在企业管理工作中，会计管理的地位越来重要。企业的管理人员需充分认识到会计管理的意义，针对存在的会计问题，采取切实可行的会计管理控制措施，从而推动企业健康有序的发展。

## 四、会计管理思想的转变

### (一) 会计管理动态化思想的产生

当今社会,不断发展的社会经济促进了各企业的组织结构发展逐渐完善,等级也越来越清晰分明,各个部门的职能也变得越来越明确并逐渐分离,但这就更加要求企业各部门掌握计算机信息化知识,这样才可能加快企业中各种信息的传达速度。与此同时,企业还必须随着社会经济环境的变化而做出相应的应对。会计管理在企业中占有很重要的地位,是决策者做出决策的基础与依据。会计管理人员通过对企业以及现今社会形势进行分析,为企业提供会计数据,形成会计管理动态化思想。

### (二) 会计管理整体性思想的改变

经济持续发展,企业之间的竞争越来越激烈。在这种情况下,企业的整体性作用就凸现出来。现今社会,企业中有很大一部分是以集体化方式运行的,而每个企业集团下都存在着或多或少的子公司。以这种方式经营不可避免地会遇到一些问题,譬如子公司与总公司联系过少,导致总公司不了解子公司实时情况,这就要求企业在管理上要体现整体性思想。会计管理是企业管理的核心,会计管理直接影响企业未来的发展情况。所以,整体性思想必须要建立在会计管理的基础上,只有这样,才能加强企业内部的沟通联系,减少因为缺乏沟通而带来的经济损失。

## 五、会计管理的未来发展趋势

网络时代的兴起,使得越来越多的网络企业、虚拟公司等依托于网络平台迅速发展起来,这就对实体企业造成了很大的压力。但是,网络企业一般具有临时性,企业的持续时间并不是很长,所以也并不适合像实体企业一样的会计管理模式。另外,现在时代变化非常迅速,这也导致了企业与企业之间的竞争越来越激烈,企业面对层出不穷的问题和竞争对手,需要当机立断的决策力和执行力,这也间接造成了会计分期假设的失效。随着我国大数据时代的到来,科学技术的应用深入各个领域中。我们也要提高自身综合素养和专业水平,会计基本假设的界定有待被重新审视。

### 六、会计管理发展过程中未解决的问题

现今社会,会计管理随着时代的变化而不断变化,但还存在着一些问题,会阻碍会计管理的发展。例如,会计软件还未得到充分的开发和利用。企业规模扩大后,子公司、跨国公司应运而生,现有的会计软件还无法满足这类公司的需要,企业的经济重心也随着员工们知识层面的扩大与创新能力的提升而发生变化。这就说明我们必须进行创新改革,将会计管理跟上时代的步伐,适应时代的需求。首先,要进一步开发和利用会计软件。其次,要建立一个符合知识经济时代特征的会计模式,或是扩大,或是缩小,或是重新组合。纵观当前的经济市场,无形资产在企业中的地位日益提高,包括版权、专利权、商标权等,都是以知识为基础的。最后,我们应该提高会计信息披露的真实性,提高会计信息披露的质量。

会计人员只拥有高能力、高水平是远远不够的,还要随着社会的进步、经济的发展,改变传统的会计管理模式,探索出一条适合现在社会,更加先进、更加国际化的管理模式发展道路。这样才能为会计行业做出正确引导,使会计行业能更好地为企业、为社会、为国家服务。

## 第二节 会计管理质量控制

随着国内市场经济的不断完善和发展,企业在面临极大发展机遇的同时也面临着很多的挑战。会计管理作为企业内外调控的重要手段,对企业的财务收入以及人事调动起着举足轻重的作用。而目前会计管理的质量并不高,一旦在某一环节出现问题,必然会对企业发展产生严重的影响。本节将从如何提高企业会计管理的质量出发,分析其控制策略,以期给企业和社会带来更好的经济效益。

对于企业来说,提高会计管理的质量是保障企业未来可持续发展的重要前提。这是因为会计管理的质量直接关系到企业的盈利等,会计管理如果出现偏差,很可能导致企业的资金链受到影响。党的十九大对会计管理工作的要求做出了进一步规范,然而从目前的情况来看,还是有很多企业在这方面出现了各种问题。

从现今的企业会计管理工作来看,大部分会计管理人士对会计管理工作的认识并不到位,没有真正理解会计管理的重要性。对于企业而言,会计管理工

作对企业的资金和产品流动有着直接的影响。企业通过会计管理能够控制住内部的产品生产及外部运营,从而在市场中获取最大的经济利益。然而,部分企业没有真正落实好会计管理工作,过多地将注意力放在了生产工作上,使得会计管理人员缺乏一定的职业素质和管理规范,会计管理的质量日益下降,难以发挥其调控作用。与此同时,企业的成本控制及核算工作的开展都离不开会计管理的支撑,会计管理制度的不完善导致企业的生产效率和经济效益受到影响。除了对会计管理工作的认识不清外,部分企业管理者对法律法规的认识不足也是导致相关人员追名逐利而忽视法律法规的重要原因。如果企业及会计管理人员不对这些问题加以认识和处理,势必对整个行业和市场经济造成巨大的冲击,影响其协调发展。

另外,会计管理质量下降的最大原因是监管制度的缺乏。现今很多企业虽然在内部设置了监管机构,却常常出现监管不严、财务会计报表造假的情况,这些都是因为会计管理工作没有得到严密监控。

不断完善会计管理制度及规范,明确会计管理质量控制的重要性是实现企业会计管理工作转型的重要前提。企业要想提高内部的会计管理质量,首先就要确保本身会计管理工作的制度和规范得到明确的规定和解释,这样才能增大企业与会计管理工作的弹性,以便会计管理工作与企业生产工作更快速地结合起来。另外,企业管理人员要利用一切可利用资源扩大信息量,增加会计管理工作的科学性和时效性。财务会计报表要求透明、完整、真实可靠,要能够显示出企业财务及其他非财务信息,如企业内部管理层对会计管理人员的调动及职业培训、企业外部的经营业绩、企业的发展前景等。不管是企业管理层还是会计管理工作人员都要提高对会计管理工作的认知,认识到其对企业发展的重要性。企业管理者要强化对会计管理人员的职业培训,完善相关的管理制度,确保会计管理工作的顺利开展,提高会计管理的质量。专业人士还要加强对国家相关法律法规的认识和学习,不断提高自身的法律意识,在合理、合法的条件下进行会计管理工作,这样才能使企业更快地走向国际市场。

建立明确的监督系统及制定产权制度。企业应建立符合我国国情的会计管理监督系统,这是保证产权,提高会计管理质量的关键。企业管理者要明确自身与市场的经济关系,积极鼓励会计管理人员实现管理创新,自主选择统筹方式和规范组合形式,使会计管理工作在遵守国家制度的前提下,实现资源配置和管理效率最大限度的提升,从根本上提高会计管理的质量。企业要通过产权制度的规范作用来规避徇私舞弊的行为发生,以提高自身的经济效益。与此同时,企业要引入考核竞争机制,通过业绩考核来约束管理人员,提高他们的职业道德素质,使他们能够自觉维护企业利益,自觉承担起相应职责,以保证会计管理的真实性。

加强会计管理队伍的建设。要想提高会计管理的质量,就必须提高相关工作人员的职业素质。首先,企业要定期向管理人员开展培训活动,更多地学习现代会计管理理论和方法,提高会计管理的工作效率。其次,会计管理人员要认真学习国家的法律法规,增强对优惠政策的认识和利用。最后,企业要重视对管理人员的职业道德素质的培养,加强宣传教育,杜绝违法乱纪的行为出现,这样才能让会计管理工作得到更好的发展。

综上所述,企业要想提高会计管理质量,就要切实落实会计管理工作的开展进度,加强制度建设,提高会计管理工作的时效性。企业管理层和会计管理人员要提高对会计管理质量的认知,在企业内部建立合法的监管体系,开展会计管理的培训活动,提高相关管理人员的职业素质,让企业更好地适应现代化市场经济的发展情况,提高企业经济效益。

## 第三节 科技革命与会计管理

科技的发展是世界关注的问题,科技与我们生活息息相关,科技的进步推动社会的发展,科技的革命也使我们的生活不断发生变化。在市场经济的新时代,对一个企业的经济运作能够起到宏观调控作用的重要职位就是会计,会计在企业中占据不可或缺的地位。科技革命与会计管理二者的关系是本节探究的重点。

### 一、科技革命与会计管理范式创新的含义

科技革命是指科学和技术发生的质的变化,从近现代来看已经出现了五次科技革命,每一次科技革命都给人们的生活带来翻天覆地的变化。会计是随着经济发展产生的,企业的产生和发展都离不开会计。随着社会的不断发展,原始会计管理必须审时度势,不断创新,来适应市场经济的变化。

提到科技革命与会计管理范式创新,我们都不会把这两个词语联系在一起,更不会想到两者之间有什么样的关系,其实两者是有一定联系的。科技革命会促进社会的发展和人们生活水平的提高,与此同时,生产资料和劳动力水平也会有所改变,这样会直接促使经济飞速发展。社会经济的发展会使企业中的会计职位受到影响,企业中传统的会计管理已经不能适应社会经济的发展要求,

然而会计行业在企业中起到举足轻重的作用，因此只能不断改进会计管理范式，使其紧跟着时代的发展步伐。

## 二、科技革命与会计管理范式创新的发展

在原始社会时期没有会计这一职业，但据考古学家研究发现，在原始社会人们为了记录狩猎的数量采取了在绳子上打结的方式，每一次收获猎物就会在绳子上打一个结，大的猎物就打一个大结，小的猎物就打一个小结，用来计算自己的劳动收获。慢慢到了奴隶社会，创设了司会，以记录和管理国家的钱财、粮食，会计的雏形就是这样产生的。到了秦朝，秦始皇统一了货币，"会计"这一职业有了更细的划分，形成了自上而下的会计机构。负责国家财物的保管、收支的称为治粟内史；负责皇室财物的保管、收支的称为少府；负责国家政治、经济的称为御史中丞；负责掌管国家图书、档案的称为御史大夫。一直到了近代社会，才真正出现了"会计"职业。随着科技革命的发展，会计管理也在不断创新，以适应市场经济的发展和需求。

## 三、科技革命推动会计管理范式不断创新

科技革命推动会计管理范式的不断创新，可以总结为四次变革：第一次科技革命促进了簿记（单纯记账、算账，没有会计理论支撑）向传统会计的变化；第二次科技革命使传统会计有了一定的变化，逐渐适应社会的发展；第三次科技革命促使会计理论的形成，使会计行业有了理论的支撑；第四次科技革命使我国传统的会计行业慢慢步入国际轨道，与国际市场接轨，会计管理范式实现国际化。每一次的科技革命都对会计管理产生影响，促使会计管理逐步有了质的改变。

会计假设虚拟化。第四次科技革命使我国传统的会计行业与国际市场接轨，使会计管理范式实现国际化。首先表现为会计假设虚拟化，会计管理的范围越来越大，已经无法界定其管理范围。原始会计管理是对货币、财物等进行直接的实物管理，而现代的信息社会都是虚拟的数字管理，不是"看得到，摸得着"的实物。会计对企业的管理也不再是进出账的记录，更多地涉及企业并购、管理融资等环节。

会计程序的创新。原始的会计程序是簿记，会计人员在记账本上记录企业总账、进账、出账等企业日常账目，或者采用消费凭证、记账凭证等。这种原始的会计记账程序较烦琐，已经逐渐被新的会计程序所代替。现在企业多是采

取数据库的形式，把企业的总账、进账、出账等输入驱动程序中，这样查账时只需要进入数据库，查阅、调出数据即可。获取不同的数据，只需要运用相对应的程序，这样的会计程序迎合市场的需求，省时省力、准确高效。

会计确认与计量的创新。传统的会计确认与计量方式是现金制的，这种制度与现代经济的发展不相匹配，现金制必须要有交付的过程，有一定的局限性。这时需要制定一种能够及时反映企业盈利和亏损状况的制度，体现企业现在所具有的市场偿付能力和对于突发情况的应变能力，为使用者提供相对准确客观的企业现况信息，从而帮助企业管理者做出及时有效的决策。

会计规范的创新。经济全球化趋势不断加强，因此我国会计规范也要与国际并轨，形成一种国际通用的会计规范与准则。当然这种规范与准则是根据国际会计标准来制定的，不同国家、不同企业也有其自身的特点，各个国家在国际会计准则的基础上可制定适合本国的会计规范与准则。在这种背景下，可以确保会计信息更加真实、更加可信，便于理解、查阅。

### 四、会计管理范式的创新促进科技进一步发展

科技革命与会计管理二者是互相作用的，科技革命使会计管理不断创新，同样会计管理范式创新也反映市场经济的发展状况，会计管理的变化是顺应市场的发展，与市场经济的需求同步的。另外，会计管理范式创新推动科技不断发展。有需求就会有发展，任何科技的变革都是为了满足人们的需求，市场经济在进步，企业也会不断发展来顺应社会，与此同时，企业对会计管理还会提出新的要求。这样就需要科技不断变革、推陈出新，因此会计惯例范式创新也推动了科技的发展。

总之，科技革命与会计管理是相辅相成的，科技革命促进了会计假设虚拟化、会计程序的创新、会计确认与计量的创新、会计规范的创新；会计管理范式的创新也促进了科学技术的进一步发展。

## 第四节 企业会计管理监督体制建设

目前有些企业会计管理监督方面经常出现一些问题。这些问题产生的根源是企业在日常经营过程中对经济业务重视程度不够，所以会造成会计监督体制的不完善，从而造成会计监督职能的弱化。针对企业会计管理监督存在的一些问题，本节提出了一些意见与建议，希望可以减少其弊端，为我国企业会计管

理监督的进步贡献一份力量。

会计管理的监督问题，不仅仅是企业改革发展的必要问题，也是其适应市场经济发展的必然要求。加强会计管理的监督，首先要能够很有效地控制资金流转，防止舞弊现象的发生，最终促进企业内部监督控制机制的全面建立。随着我国改革开放进程的不断深入，会计行业也发生了很大的变化，要想真实有效地记录会计信息，就必须建立一套完善的监督管理体系。

### 一、企业会计管理监督体制存在的问题

第一，家族式管理模式。在一些企业中，股权呈现高度集中的特点。并且，通过分析我国的企业可知，其中相当部分比例的企业是民营性质的企业。在这些企业中，家族企业比例很大。企业的所有权、经营权和监督权三权合一固然有其优势，如中小企业在初始创业阶段的效率高，能够做到快速反应。但是，随着企业规模的逐渐扩大，企业越来越需要引进更多的人才。对于家族企业而言，非家族成员进入企业管理层，很难与家族成员获得同岗同酬的待遇，这样就会导致不公平竞争，不利于企业会计管理人才的培养。

第二，纪律执行不严密。由于没有严格的规章纪律要求，很多会计从业人员会利用手中的权力弄虚作假，不仅使企业的工作开展变得极为混乱，还会造成严重的经济损失。一些违法乱纪的行为如果任其发展，不仅使企业经济受到损失，更严重的是还会扰乱社会秩序。

第三，会计人员意识薄弱。部分企业的会计从业人员在陈旧错误的观念影响下，对于企业会计管理监督缺乏重视。这种行为是严重缺乏职业素养和法律意识的。会计职业最大的要求就是真实和严密，这两个要求遭到破坏就会带来很严重的问题和后果。甚至，一些会计从业人员无法抵挡诱惑，出现徇私舞弊的行为，跨越了法律的底线，严重扰乱了企业会计工作的进行。

第四，预算控制力度不强。对于科研项目来说，在合理范围内进行科学缜密的项目经费预算和保证项目经费的落实是至关重要的。但是，目前很多企业既做不到合理的预算和控制，在经费落实上也无法及时完成。这些情况的发生根源就在于没有建立一套完善的项目经费审查监督制度，只有制度完善，才会使得这一项工作真正落到实处。

第五，会计管理监督体制不健全。企业内部存在的管理监督方面的问题，其根本点是因为尚未确立一套完善的规章制度。如同法律一般，会计的管理监督需要合理合法，并以有效的制度为支撑。只有做好这一点，会计管理监督工

作才能有条不紊地进行，才能确保整个执法过程中全面监督管理的实现。

## 二、制定会计管理监督体制的具体方式

### （一）完善会计监督立法

加快立法来保障会计管理监督体制的完善是根本的、必要的。要明确企业会计管理监督部门在整个监督管理体系中的主体地位，这是毋庸置疑的。同时，在立法的时候，应当充分结合我国目前经济发展的阶段和特点，以及我国自身的国情，切实制定符合我国发展规律的、完善的、详细的法律制度。要配套完善的执行体系，确保监督工作不再是纸上谈兵，而是落到实处。在法律的支撑下，企业会计监督管理体系可以自主有序地进行，保障会计从业人员依法行使监督权，可以采取如下措施：进行举报监督，提供安全的举报途径，对举报人进行奖励，激发监督人员的工作热情和激情。

### （二）增强会计人员责任意识

加强对企业负责人的教育管理。企业负责人是该企业会计行为最直接的责任人。因此，其对于会计工作的监督管理是在进行负责人考核时必须包括的一个项目。只有负责人充分引起重视，才能使得监督管理工作最大程度、最高效率地展开。同时，必须针对企业负责人进行会计知识相关的系列培训，只有了解该行业的具体情况才能对症下药，有效、合理地进行监管。此外，针对会计从业人员道德素养、职业涵养的培训也是必不可少的。要让会计从业人员工作时有崇高的使命感和坚定的法律观，从而处理好各种利益关系，不做出违法犯罪的行为。

提高企业会计人员的门槛，增强对会计人员的考核力度。每个企业，在制定岗位基本规章制度时，应该充分结合企业自身的实际情况，明确该企业会计从业人员所需遵守的基本准则。从根本上提高企业会计人员的责任感和归属感，提高他们的工作积极性。此外，会计行业的从业人员必须不断更新自身的知识，增强自身的能力，企业应当大力支持会计从业人员继续教育和专业深造，不断提高他们的专业能力。最后，必须将考核与绩效挂钩，考核不合格的人员要在限期内做出改正，进一步提高对自身的要求。

## （三）健全企业会计管理监督体制建设

第一，解除人员之间的利益联系。在企业中，会计行业的工作总是会与各种因素相关，或者是受到企业自身和领导的影响，大幅度降低了会计工作的监督管理水平。在这种情况下，最好的办法就是将领导者从企业利益之中剥离出来，保证会计工作的独立进行。在进行人员的任免调动过程中，应当充分考量被任命人员和当地负责人之间的利益关系，也就是说要解除人员之间的利益联系。

第二，健全内部会计管理监督制度。企业内部会计管理监督制度的建立，必须充分贯彻落实不相容职务的分离。要使得经济活动中的各个人员之间没有相互的联系。同时，人员彼此之间存在制约，这样可以在一定程度上减少违法犯罪行为的发生。尤其是对于重大经济活动的决策、实施要实现整个过程严格的监督和不同程序之间的制约。要制定完善的内部检查控制制度，明确财产清查的范围，同时配套合理完善的规范体系。所有的规章制度都要保证切实落到实处，而不是一纸空谈。在目前会计电算化普及之后，要在最短的时间内根据新的环境对监管体系做出改变，加强会计质量和信息的监管。

第三，监督项目经费预算。首先，针对每一个项目，都要进行严格的成本核算以及预算审查，确保预算控制在合理的范围之内。其次，科研经费的使用一定要严格明确其花费途径，对于不合理、不明确的支出要进行及时的整治和总经费的调整。再次，经过前期严格审查之后，也不能放松实际使用过程的监管，必须使得监管落实到经济活动的全过程。最后，建立审批制度，严查报账的合理性、合格性与真实性。对于出现的虚假乱报现象进行严格的查处与惩办。总之，最重要的一点就是所有规章制度能否落到实处。因此，保障管理监督体系有效、及时的实施是很重要的。

第四，健全管理监督体制。在某些方面，会计人员从事的经济活动易受到上级领导的影响。这种现象往往会导致很多腐败犯法的行为产生。因此，如何能够保证会计从业人员工作的独立自主性，是会计管理监督制度在制定的过程中一个很重要的考虑点。只有保证会计工作职能作用的发挥，才能避免违法乱纪现象的产生。对于企业领导者和会计从业人员之间利益关系的平衡监督以及管理，是关乎企业建设的重要方面。除了企业内部需严格管理监督体系的建设，还可以采取人员任命和本企业分离的措施，这能在一定程度上断绝领导者与会计人员之间的利益关系。此外，还应该使得会计从业人员之间存在相辅相成又相互制约的关系，以避免大规模的会计舞弊违法现象发生。最后，要保证工作体系和监督体系的透明化,明确企业的财产清查范围,简化管理监督复杂度,要用最短的时间发挥企业会计管理监督体系最大的作用。

### (四)加强综合监督执行力度

加大综合监督力度,不断提高相关部门综合监督的能力和水平。在具体的会计管理监督过程中,《会计基础工作规范》应当作为监管过程最基本的指导,同时依据各个企业自身的实际特点和工作情况找出其自身存在的不足和监管盲区,查漏补缺、对症下药。这样才能做到整个管理监督体系的不断完善和效率的不断提高。对于在工作过程中尽忠职守、恪守规矩的职工应当实行表彰奖励制度,而对于非法乱纪的人员应当严格处罚。

在执法过程中,应加大力度,审计、财政、税务三部门合理分工进行监督。在企业的预算执行、计划完成以及财务收支等方面应该进行严格的监管,财务监督应当以本单位的会计信息质量为主进行严格核查。财务职能部门作为整个工作体系的核心,应当主动承担起部门内部的管理监督工作。每个企业部门的会计信息汇总起来将会对社会的经济秩序产生深刻的影响。同时,税务监督也是对企业部门进行监督的主要手段之一,主要核查的是纳税人依法纳税的情况。

随着社会的不断进步和发展,我国企业在会计工作中存在的诸多问题得到了一定的解决,同时也面临着更大的问题与挑战。因此,我们必须在这个问题上引起足够的重视,才能使会计活动的开展紧跟目前时代的步伐,更好地为国家经济建设服务。同时,会计管理监督体系也要不断与时俱进,以更好地为会计活动服务,从而推动企业的快速发展。

# 第八章 会计管理体制

## 第一节 会计管理体制概述

### 一、会计管理体制的含义和内容

会计管理体制的内容概括来讲就是各级会计工作管理机构和下级会计核算组织相沟通并决定相互在会计工作管理中的立场和角度的责任和隶属关系。

首先,各级财政部门分级统一管理本地区的会计工作。各级业务主管部门以及基层单位在受上级或同级财政部门的指挥领导过程中,在统一遵守国家会计法律法规的前提下,有权根据本部门、本单位的实际情况灵活组织和处理会计工作。其次,会计准则、会计制度在我国的制定权限。关于会计准则以及统一的会计制度的制定权限,我国各地区、各部门可在相应范围内来制定本地区、本部门的会计制度或补充规定,并且报告给财政部备案。各单位也可以在遵守会计准则、行业统一的会计制度和地区或部门会计制度的前提下,来制定本单位的会计制度。最后,会计人员管理制度。在我国,会计人员的业务管理主要由财务部门负责,会计人员的人事管理主要由业务部门负责。

### 二、会计管理体制的作用

第一,有利于加强企业内部控制。会计管理体制对单位自身的会计工作控制有着关键的影响,会计管理体制的完善可以巩固企业自身控制机制,较科学地掌握和筹划企业的会计工作,带动企业迅速成长,使企业经济发展步入一个崭新的台阶。由此来看,一个规范、有效、科学的会计管理体制对一个单位来说是不可或缺的。会计管理体制能够保证企业会计信息的精准性和可信性,全方位控制企业的经济活动,提高投资者对企业的约束和掌控能力。企业要想促进其自身的会计管理体制的发展,全面实现企业会计管理的约束力,迅速扩大企业的经济发展规模,就必须从根源上控制经济活动,彻底遏制会计违法与违规现象发生,将企业的违规成本降到最低,大大减少企业不必要的经营成本。

第二,有利于国家宏观调控。会计信息是我国会计管理体制的重要组成部分。国家为了更为有效地进行宏观调控,必然要求会计所提供的信息能满足国家宏观调控的需要,国家对会计活动进行干预也就成为一种必然。因此,必须要以经济发展为目标去制定企业会计准则。会计准则制定者的这一看法,将会计准则的制定转变成为政治经济学范畴的一部分,这同时也表现出国家从广义上统筹经济发展的关键部分。

第三,有利于协调企业中的利益关系。企业的会计信息反映了企业在一定时期内的财务状况和经营成果,这些财务状况和经营成果体现了一定的经济利益关系。在企业会计信息中对于经营成果的表现,不仅包括企业向国家税收机关交付的税款总额,还应包含企业向所有者和债权人支付的利润或利息,还应表现为企业能否按时支付其所欠债务。会计管理体制对企业的经济发展有着巨大的影响,其可以从根源上避免企业利益主体与企业之间的账务或资金的冲突,确保企业的经济活动全面正常运作,还会确保企业的会计行为有效、合法,从而使企业加强对会计工作的管理和制约,确保企业经济主体在运营正常的条件下健康发展,从而全面协调企业的各种经济关系。

## 三、会计管理体制存在的问题

第一,会计内部建设和会计监督机制不健全。对于一个企业来说,企业经营者可以控制着整个企业的会计监管人员的调转、离职以及薪酬增减等这些实际权力。企业经营者往往为了应付有关部门的检查,不惜扭曲事实,失去了会计信息应有的公正性,企业也随即出现贪污腐败现象。企业会计管理者及会计人员威信力较弱,加上会计基础工作薄弱,会计监督能力弱,企业财经纪律混乱,会计管理能力较差,企业自身约束力和管理能力薄弱,同时社会监督和政府监督体系不严谨,结果导致企业会计违法与违纪的现象比比皆是,会计信息造价事件频发,对我国正常的社会财经管理纪律造成冲击,同时给经济的进步带来负面影响。

第二,管理人员不重视会计管理制度。在现行的会计管理体制中,企业负责人员容易看轻会计管理体制,不注重会计管理体制的确立和修正,使得会计管理体制更多成为摆设。当前我国一些企业的管理者单纯地把实施会计管理工作认为是对企业人力资源和物力资源造成的不必要消耗。因此，在企业经营过程中忽视会计管理制度的执行，还会把会计管理体制当成应付监督机构检查的一项手段。由于某些企业经营者思维方式比较落后，对当今会计管理情况认知匮乏，没有产生科学合理的经营思想，也没有把会计管理的实施变成单位高效率经营的主要方面，因此也就无法认识到会计管理体制对于一个企业的重要性。这些管理者对于会计管理体制缺乏应有的全面认识和深入了解，也没有对于会计管理体制进行一些理论研究。这些都将影响到会计管理体制的确立和修正，导致会计管理体制表现不出其在企业经营中存在的价值，影响到一个企业的发展。

第三，会计人员法律意识淡薄。在企业中，财务部门是一个很重要的部门，但是在我国屡屡出现了会计管理失控的现象。究其原因，虽然我国陆续颁布了《中华人民共和国公司法》《中华人民共和国会计法》《中华人民共和国注册会计师法》等相关法律条款，但是因为一些企业负责人比较缺乏对这些会计规章的了解，结果许多不法事件仍然不断涌现，造成了一些企业会计从业人员出现了有法不依、执法不严的情况。这样的会计从业人员势必会对企业的发展造成不小的负面影响，进而影响整个市场经济的发展。我国有关财政部门、审计机构、税收机构、金融机构等相关机构均对一些企业会计从业人员以及注册会计师承担监督和约束的责任，但是有些部门彼此推卸责任，这与当今市场经济的进步的理念相违背。

会计管理体制现状包括企业的会计管理体制现状和机构的会计管理体制现状，二者是我国会计管理体制整体现状的主要外在表现。我国现有会计管理体制及模式中依然存在一定的不足，主要包括企业会计管理机制效用欠缺、企业会计管理体制与行政管理规范标准性欠缺。因此，针对会计管理体制优化的措施值得会计从业人员深入思考。

伴随社会经济的持续变迁和社会主义市场经济环境的持续优化，会计管理体制对一国经济活动的反映、监督和控制作用正在发生变化，包括会计管理体制存在僵化的可能性、会计管理体制无法适应国际经济环境等等，使得会计管理体制不得不及时升级和换代。因此，针对会计管理体制及模式的优化分析是具备前瞻性和必要性的。

### （一）企业会计管理体制现状

由于企业组织制度及经营规模的差异，不同企业会计管理体制现状不尽相同，但是普遍特征依然相似。一是会计监督方法的选择不当。由于个别企业的会计管理体制过于简单，企业通常不会科学选择配套的会计监督机制，如会计监督部门不健全、会计监督流程的实质性不强等不足，使得企业的会计活动难以受到有力的监督和独立的控制。二是会计管理体制的变革机制有待完善。出于企业对会计管理成本的考虑，不少企业基本不考虑会计管理制度及模式的持续改进和完善，使得企业会计活动的效率提升存在难度。也就是说，如果企业会计管理体制无法及时引入新技术与先进管理模式的核心内容，企业就无法充分改进其内部治理结构，优化会计活动分工，这最终影响到企业综合管理水平的提升。

### （二）机构的会计管理体制现状

作为社会主义市场经济活动的重要风向标，政府机构以及专业机构的会计管理体制对企业会计管理体制形成一定程度的引导作用。具体而言，这包括两方面内容。一方面，是行政事业单位的会计管理体制现状。由于《政府会计制度》的持续完善和深入执行，行政事业单位的会计管理活动具备明显的模范导向和科学目标，包括财务会计和预算会计并行的会计核算体系，还包括收付实现制与权责发生制的转化和升级，使得各级行政事业单位的会计活动更为合法、合规和高效，最终有助于财政资金使用效益、单位提供公共服务质量的稳步提升。另一方面，是以非行政事业单位性质的专业机构为主的会计管理体制现状。由于财政部、中国总会计师协会、中国会计学会、中国注册会计师协会对国家会计规范制度及立法的影响巨大，我国会计管理体制现状主要体现为"统一领导，分级管理"的层级分布。也就是说，各级会计人员、各类资质的会计管理人员受到专业机构的影响和监管，包括资格考试、资格认定及评估和会计职称评审等活动受到专业机构和协会的管理和监督，从而保证会计从业人员的从业合规性和合法性。因此，我国基于会计专业监管机构或协会的会计管理体制基本上是完善的。

### （三）会计管理体制及模式中存在的不足

由于我国市场经济与全球经济接轨程度不断加深，加上改革开放具体政策的不断深化落实，使得目前会计管理体制及模式中依然存在一定的不足。这具体而言，主要体现为两方面内容。一方面是企业会计管理机制的效用欠缺。由于企业制度章程、会计法律法规的执行不力，企业会计管理制度要求的会计核算流程、授权原则等机制难以发挥改善企业经营管理的作用，甚至出现企业会计人员刻意违规的现象，从而影响企业会计管理机制的健康运转。另一方面是企业会计管理体制与行政管理规范标准性欠缺。由于众多企业的国有性质较强,其会计管理体制需要与行政管理规范同时执行和应用,同时二者的优先级确定并无标准流程,使得个别经济事件的核算监督受制于多方面因素,导致因权限不足、权力越位而出现的监督困境情况偶尔发生。

### 四、优化和改进会计管理体制的可行措施

#### (一)明确认识企业会计管理体制的创新方向

为增强会计管理体制的合理化趋势,会计从业人员及监管人员都需要明确认识到未来会计管理体制的创新方向,从而保证自身专业技能和认识水平能够与时俱进,最终有助于我国企业会计管理体制的持续优化。一是企业会计管理体制对市场经济需求的适应性。由于社会主义市场经济制度及法律的持续完善,同时现阶段的社会主要矛盾发生变化,市场经济中的新产业、新技术活动需要会计管理体制来衡量其价值,并反映社会现状,因而会计管理体制也就需要更新底层理论和技术支持,从而保证会计管理机制的更新换代。比如,引入大数据技术形成创新的会计监督机制。二是企业会计管理体制的独立性趋势更强。如会计管理和监督活动不再受制于机构运转效率、政治性的影响,称为会计管理体制是独立于市场价值交换的,从而保证会计活动、会计监管活动具备充分的可靠性和合规性。三是企业会计管理体制的社会性质转变。由于企业会计管理体制需要协调企业主体的经济权利和责任,加上会计管理机制的社会责任更强,企业会计管理体制需要不仅对社会负责,同时也对非企业经济主体负责,以维持健康的社会经济秩序。四是企业会计管理体制的全球化趋势不会削减。这需要企业会计管理体制逐步探讨和对比与国际优秀规范之间的差距,通过对会计管理规范的国际板块内容进行持续更新,便于增强我国企业会计管理体制的全球化趋势。

#### (二)持续完善会计监管机制及其体系

要确保会计管理体制科学性持续增强,就需要持续完善针对企业的会计监管机制及其体系。一方面,需要持续完善企业内部的会计监督机制。这需要企业不仅保证具备相应的内部监督部门,还要对会计人员的会计活动进行留底式的记录和监督,包括背书留底、报表编撰责任人记录、资金审批记录等等。另外,企业还可以运用内控管理工具加强会计活动的权责控制和监督,以保证对企业内部会计活动的全面监督。另一方面,企业需要拓宽来自内外部的会计信息监

督途径。这需要企业不仅从自身内部设计会计信息监督机制，同时持续拓展来自企业外部经济主体的会计监督信息机制，包括聘请独立专业评估机构、参与企业会计的专业协会、采用透明化、程序化的信息披露方法等等，以保证企业会计信息的可靠性，最终充分发挥会计管理体制的实际职能作用。

### （三）构建适合多种经济主体的会计管理体制

由于会计管理模式不仅是对企业活动的反映和控制，也是对社会多种经济主体活动的监督和反映，优化会计管理模式就需要构建适合多种经济主体的会计管理体制。一是持续优化非企业主体的会计管理体制。尽管企业会计管理模式对我国会计管理体制产生重要影响，非企业主体的会计管理体制同样需要持续改进。包括政府机构、公益机构、社会团体以及行政事业单位等一系列具备经济活动能力的非企业单位，其会计管理制度也需要持续改进或完善，从而保证我国会计管理体制的普适性和系统性，以发挥出会计活动对国民经济现状的充分反映和监督作用。二是健全多种经济主体下的会计管理革新机制。这需要会计行业的资深学者引导成立创新研讨学会、调研委员会等社会团体，对国有企业、民营企业等多种性质的企业，以及行政事业单位、公益单位等非企业性质的单位的会计管理体制进行研究和探索创新，最终保证会计管理体制对社会经济的充分适应。

会计管理体制对企业主体、非企业经济主体的经济活动发挥有力的监督和反映作用，如社会经济的发展速度超越体制的优化速度，多种经济主体下的会计管理模式将会难以发挥其真实效用。因此，会计从业人员需要持续探索改进会计管理体制的可行措施，包括明确认识企业会计管理体制的创新方向、持续完善会计监管机制及其体系等。

## 五、新经济环境下企业会计管理体制改革的具体策略

### （一）树立现代化会计管理理念

综合来看，会计管理体制的改革，并非仅仅将原有的管理思想及管理理念进行转变，更是将现代化理念作为依据，系统分析、设计会计管理的整个过程。在当前高速发展的新经济形态背景下，企业应跳出传统会计管理理念的束缚，树立对全新的且符合当前新经济发展态势的良性管理理念，并将此种全新的管理理念作为直接依据做出会计管理的决策。只有将科学高效及现代化的会计管理理念作为企业会计改革的原则，才能保证企业会计管理和企业长远发展目标

二者之间的有效融合，进而借助会计管理促进企业战略目标的实现。所以，企业会计管理的相关工作人员以及职能部门需要将企业的实际状况作为依据，对全新的符合新经济发展趋势的会计管理模式进行积极探索，进而提升企业会计管理的现代化水平，加深企业会计管理体制改革与发展的深度。

### （二）创新会计管理监控制度

会计管理监控制度创新目标的实现是对会计管理相关制度持久作用的直接保障，更是企业会计管理体制创新工作的重中之重。企业统筹其当前会计管理监控制度的现状，总结不够完善的部分，并作为直接依据对制度体系进行进一步的规范，从而使全新的会计管理监控制度得以构建，实现制度化的人员管理和资金管理的目标。第一，企业需要将相应的约束和控制条款在制度中进行明确，进而保证会计工作的规范性。第二，需要对企业各个部门的内部控制管理力度不断增强，并持续完善会计监控体系，将内控机制的作用最大限度发挥，进而使得会计管理工作的实用性得到切实提升，杜绝不规范的会计行为发生，使得会计管理工作质量水平得到提高。

### （三）强化会计管理队伍建设，提升管理人员综合素养

新经济时代的不断发展，对会计管理工作的要求越来越高，相应的对企业会计管理工作者的工作能力也提出了新的要求。企业要提升对会计管理工作各类影响的重视程度，不断强化对会计管理队伍的建设力度和培养力度，进而对管理人员的业务能力和管理能力进行提升。第一，企业要对会计管理队伍的人员招聘和选拔提高重视，综合考量企业会计管理工作的实际需求并将其作为人才招聘和选拔的直接依据，将企业长久的发展目标作为会计管理人员招聘和选拔的原则，进而对满足企业会计管理工作需求的会计管理队伍进行构建。同时，企业可结合会计管理工作现状对人才培育机制进行建立，在企业会计职能部门内部进行具有管理能力人员的选拔，提供具有针对性的学习平台和培训机会，进而为企业培养更多高素质的会计管理人员。第二，需要对会计管理队伍相关工作人员的职业精神进行培养，借助思想教育活动对其时代认识进行强化，使其可将时代发展趋势、经济发展现状以及企业实际状况进行有机结合，并以其自身的工作岗位性质为出发点，开展创造性的管理工作，使得会计管理工作的效率和质量不断得到提高，进而推动企业会计管理体制改革的有序进行。

### （四）细化对应的会计管理条例和细则

创新体制有利于企业部门自主性的强化和提升，而管理体制的创新有利于

推动企业会计部门会计工作有效性的提升,进而使得会计管理工作可以更加高效地进行。所以说,处于当前新经济环境下,企业会计部门需要不断优化创新自身的会计机制,进而推动会计管理体制的改革。将《中华人民共和国会计法》《企业会计制度》作为条例和细则制定的直接依据,进而确保会计工作制度的合理性及合法性。需要注意的是,在改革工作推进的过程中,应将部分实际状况作为根本依据,对其进行深入调查后树立全局观念,提升企业会计部门的超前意识,在日常工作中贯彻企业发展观,对企业现有的各类会计管理条例及细则进行改革,并将其作为会计管理人员日常工作推进的直接依据,进而对企业会计管理体制不断规范。

综上所述,企业处于当前新经济环境的激烈竞争条件下,要想在激烈的市场竞争中占有一席之地并获得长久发展,必须对会计管理体制进行创新和改革,以适应当前社会发展的整体趋势,满足企业发展过程中会计管理工作不断提升的需求。企业管理层要对会计管理体制改革的重要性和迫切性有明确的认识,将新经济背景对于企业会计管理的影响作为直接依据,然后结合企业发展过程中会计管理工作的实际需求和特点,对会计管理体制进行优化和改革,进而达到会计管理环境不断优化、会计行为规范性提升的目的。会计管理工作的效率和质量得到有效提升,有利于企业良好有序地向前发展。

## 第二节 会计管理体制的形成

我国的会计管理体制是和财政、财务管理体制紧密相关的。新中国成立初期,为改变国民经济发展极度混乱和困难的局面,我国在经济战线上开展了争取国家财政经济状况根本好转的斗争。在统一国家财政收支和统一经济管理的过程中,形成了我国以高度集中统一为主要特征,按行政隶属关系实行适度分级管理的财政、财务管理体制。会计工作作为财政经济工作的基础和重要组成部分,会计管理体制也相应地逐步形成。

我国的会计管理体制,在改革开放以前的较长时期内,主要是通过会计制度拟定、实施和决算报表的编审来体现的。

### 一、预算会计制度的统一和预算会计管理体制的形成

为统一国家的财政收支,1950年3月,政务院公布了《中央金库条例》。随后,财政部制发了《中央金库条例施行细则(草案)》,首次对金库会计制

度做出了原则性的规定。统一金库会计制度是我国统一预算会计制度的开始。

1950年12月,财政部制发了适用于各级财政机关的《各级人民政府暂行总预算会计制度》和适用于各级各类行政事业单位的《各级人民政府暂行单位预算会计制度》,并从1951年开始施行。这两项预算会计制度的颁布实施,不仅实现了我国预算会计制度的统一,而且规定了"统一领导,分级管理"的预算会计的分级组织体系。《各级人民政府暂行总预算会计制度》规定:"各级人民政府总会计的分级是,中央总会计,大行政区或自治区总会计,省(市)总会计,在专员公署财政科不设总会计,但可视工作需要由省委托代理总会计。各级人民政府之总会计,在业务处理及制度实施上应受上级总会计之指导与监督。"《各级人民政府暂行单位预算会计制度》规定的单位预算级次包括:"凡与总会计直接发生领报关系的机关,其会计为一级单位会计;凡与一级单位会计直接发生领报关系的机关,其会计为二级单位会计;凡与二级单位会计发生直接领报关系的机关,其会计为三级单位会计……"各级单位会计在业务处理及制度实施上应受各该上级单位会计之监督与指导。上级单位会计应受各该级人民政府总会计之监督与指导。

1951年7月,我国第一个《预算决算暂行条例》(以下简称《条例》)由中央人民政府政务院正式发布,对预算、决算的分类,组成体系,预算的编制及核定,预算的执行,决算的编报及审定等做出了具体的规定。《条例》不仅规定了我国基本的财政管理体制,而且将我国会计制度规范的预算会计管理体制用国家的行政法规确定了下来。同时,《条例》还规定:"各级企业主管部门,应将所属企业机构之预算拨款、预算缴款部分,报经同级财政机关分别列入各该级总预算、总决算。""前项预算拨款、预算缴款,应根据各企业机构年度财务收支计划,及年终决算编报数额,分别编列之。"这一规定实质上把企业财务收支纳入了国家预算、决算体系,从而也为企业会计管理体制的形成制定了基本原则。

各级总会计和单位预算会计的职责权限,根据《预算决算暂行条例》和两项会计制度的规定,可归纳为以下几点。

①各上一级总会计和单位会计在业务处理和制度实施上对其所属下级进行监督和指导。这里所称的业务和制度,实际上包括财政、财务、会计业务和制度。

②各上一级总会计和单位会计对其下一级编报或汇总的会计报表进行审核、汇编,如发现编报机关之决算有错误、遗漏或重复等情况,应更正数字汇编,并通知原编报机关。如发现有匿报、伪造或违法之收支,除更正数字外,并应依法处理。

③必要时对下级会计主管人员变更办理会计交接时进行监交。

## 二、企业会计制度的统一和企业会计管理体制的形成

统一国有企业的会计制度和会计工作管理体制是统一企业管理的基础，对此，新中国成立伊始，中央政府就给予了高度的重视。1950年3月，政务院财政经济委员会发布《关于草拟统一的会计制度的训令》以后，即开始了企业统一会计制度的草拟工作，并经财政部审查核定以陆续印发，之后由重工、轻工、纺织、铁道等部门拟定本部门所属企业和经济机构的会计制度草案。1951年，财政部门开始统一拟定各主要行业的统一会计制度。

1952年1月，政务院财政经济委员会发布了《国营企业决算报告编送暂行办法》（以下简称《办法》）。《办法》虽然主要是对企业决算报送问题的规定，但根据《预算决算暂行条例》有关规定制定的这个《办法》，实质上体现了我国企业会计管理体制的雏形。

按《预算决算暂行条例》的规定，各级企业主管部门根据所属企业财务收支计划和年度决算汇编的预算拨款和缴款是各级总预算的组成部分。从而明确各级总会计（即各级财政部门）为各级企业财务会计工作的管理部门。

《办法》规定，基层企业的月度计算报告、季度的结算报告和年度的决算报告，按隶属系统报主管企业机构或主管企业部门。各级企业主管机构对所属企业上报的决算报告，应逐级审核、批复、汇编、加注审核意见，转报主管企业部门及其同级财政部门。主管企业部门对于所属主管企业机构及直属各基层企业上报的决算报告，应予审核、批复、汇编、加注审核意见，送同级财政经济委员会及财政机关。这些规定包含两层含义：其一，按隶属关系，企业主管部门与企业主管机构之间（即上下级企业主管部门）以及企业主管部门（或企业主管机构）与企业之间在会计管理体制上属于上下级的关系；其二，财政部门与同级企业主管部门（或企业主管机构）之间在会计管理体制上属于管理与被管理的关系。

在企业内部，《办法》体现了企业行政领导对本企业会计工作负领导责任的要求。

根据《预算决算暂行条例》和《办法》的规定，各级财政部门和各级企业主管部门、企业主管机构在会计管理方面的职责权限，可以归纳如下。

与预算会计管理体制相同，各级财政部门和企业主管部门（或企业主管机构）对其所辖和所属企业的会计工作在业务处理和制度实施上进行监督和指导。

财政机关审核企业主管部门报送的企业决算报告，在审核决算报告时，得向企业主管部门或通过企业主管部门向企业主管机构、基层企业查阅账册，调取证件报表及其他有关资料。财政机关对审核的决算报告提出书面意见，"财政机关与主管企业部门对于审核决算报告的意见不能一致时，应由各级财政机关分别提请政务院或大行政区（中央直属自治区）人民政府（军政委员会）解决之"。

企业主管机构及企业主管部门审核批复所属企业的决算报告，并汇编上报。"审核所属上报的决算报告时，如发现错误，应予查明更正，……改进意见应在财务情况说明书内叙述。"

对会计制度的制定权限做出了相应规定。例如，《预算决算暂行办法》规定：会计报表的格式及所列的项目，除中央人民政府财政部已有统一规定者外，应由企业主管部门于统一会计制度内规定。属于成本报表者，由中央人民政府财政部统一规定。

回顾历史，可以看出，建国初期，适应我国政治体制、经济体制的需要，我国会计管理体制的基本框架是中央财政部门统一管理全国的会计工作；大行政区（后撤销这一级建制）、省、市等各级政府财政部门管理本地区的会计工作；各级企事业单位主管部门管理本系统、本部门的会计工作；各基层企事业单位的行政领导管理本企业、本单位的会计工作。总体来说，全国的会计工作一直按该体制运行，而且成为以后会计管理体制改革和完善的起点。

## 第三节　会计管理体制的恢复、健全和发展

1976年以后，我国国民经济及社会生活的各个方面的发展进入了一个新时期，会计工作也迎来了前所未有的崭新局面。会计管理运行机制也得以恢复，并随着政治、经济体制改革的深入而发展和完善。

### 一、《会计人员职权条例》的修订和颁布

为了迅速恢复会计工作秩序，明确会计人员的职责、地位、工作权限等，以充分调动广大会计人员工作的积极性，财政部在总结1963年颁布的《会计人员职权试行条例》实施经验的基础上，对原试行条例进行了修订，提请国务院审议。新的《会计人员职权条例》很快经国务院审议通过，并于1978年9月12日颁布实施。《会计人员职权条例》除对原试行条例的五章做了适当修

改外，还增加了"总会计师"和"技术职称"两章。《会计人员职权条例》中对会计机构的设置、会计人员的职权等做出了明确的规定。

《会计人员职权条例》的发布实施，对会计工作的全面整顿和恢复发挥了积极的推动作用，其中有关会计机构、会计人员的规定，尤其是对总会计师、会计技术职称的明确规定，不仅极大地调动了广大会计人员的工作热情和积极性，而且对逐步恢复和完善我国的会计管理体制具有十分重要的作用。

### 二、各部门、各地区会计管理机构的恢复、建立

随着经济体制改革的逐步展开和国民经济的恢复与发展，会计工作在经济管理中的重要地位和作用日益显现，各部门、各地区也随之普遍加强了对会计工作的领导和管理。国务院各业务主管部门迅速恢复或组建了管理本部门财务会计工作的专门机构，其职能主要是组织和管理本部门、本系统的会计工作，在与国家统一的会计制度不相抵触的原则下，制定适用于本部门的有关会计制度的具体办法或者补充规定，组织本部门会计人员的培训工作，以及从事本部门其他的会计管理工作。

20世纪80年代初，山西和贵州率先在省财政厅设立会计管理专门机构。20世纪80年代中期以后，各省、自治区、直辖市财政厅（局）也先后成立会计管理的专门机构——会计事务管理处（有的称为会计处），并在绝大多数的地、市、县财政部门陆续成立了会计管理机构（会计事务管理科、股等），一些乡镇财政所也设置了会计管理机构（会计事务管理组）或设有专人负责会计管理工作。各级地方财政部门的会计管理机构的职能主要是负责本地区的会计管理工作，如负责国家统一的会计法规、制度在本地区的贯彻实施，制定本地区的会计法规、制度、办法，组织本地区的会计人员培训，负责本地区的会计人员管理工作等。

各部门、各地区会计管理机构的恢复、建立和完善，适应了新时期经济发展对加强会计管理工作的要求，进一步完善了"统一领导，分级管理"的政府主导型的会计管理体制，保证了国家有关会计方面的法规、制度得以顺利地贯彻实施，为我国会计工作的加强、发展和创新奠定了基础。

### 三、《中华人民共和国会计法》的颁布和会计管理体制的法制化

1985年1月第六届全国人大常委会第九次会议审议通过了新中国第一部《中华人民共和国会计法》（以下简称《会计法》），并以中华人民共和国主

席令公布，于 1985 年 5 月 1 日开始实施。1993 年 12 月，第八届全国人大常委会第五次会议对《会计法》进行了第一次修订。

《会计法》第一次以国家法律的形式，对我国会计工作的管理部门和管理权限等进行了明确规定："国务院财政部门主管全国的会计工作。县级以上地方各级人民政府财政部门管理本行政区域内的会计工作"。国家统一的会计制度由国务院财政部门根据本法制定公布。各省、自治区、直辖市人民政府的财政部门，中国人民解放军总后勤部，在同本法和国家统一的会计制度不相抵触的前提下，可以制定实施国家统一的会计制度的具体办法或者补充规定，报国务院财政部门审核批准或者备案。

对于会计机构的设置和会计人员职责等，《会计法》明确规定：各单位根据会计业务的需要设置会计机构，或者在有关机构中设置会计人员并指定会计主管人员。不具备条件的，可以委托经批准设立的会计咨询、服务机构进行代理记账。大、中型企业、事业单位和业务主管部门可以设置总会计师。

《会计法》对中央和地方之间、财政部门和其他业务主管部门之间会计管理范围和管理权限进行了划分和规定，使我国的会计管理体制以国家立法的形式得以确立，标志着我国政府主导型的会计管理体制逐步完善并步入了法制化的轨道。

## 四、《会计改革纲要》的发布和会计管理权限的进一步明确

20 世纪 80 年代以后，随着经济体制改革的逐步深入，要求对会计工作进行全面的改革，以促进会计管理工作的全面发展。

1990 年 11 月，在财政部主持召开的第三次全国会计工作会议暨全国会计工作先进集体和先进会计工作者表彰大会上，重点研究了会计改革问题。会上讨论了财政部经过多年酝酿研究提出的《会计改革纲要（试行）》（讨论稿）。该文件经会议讨论、修改，于 1991 年 7 月发布试行。在总结试行经验的基础上，经过 1995 年全国会计工作会议讨论和修改，新的《会计改革和发展纲要》（以下简称《纲要》）于 1996 年颁发施行。《纲要》明确提出新时期会计改革的总体目标是，建立适应社会主义市场经济发展要求的会计体系。《纲要》还提出，适应转变政府职能要求，在会计事务的宏观管理中，逐步实现以会计法规为主体，法律、行政、经济手段并用，有利于改善和加强宏观调控，同时可以发挥地方、部门、基层核算单位积极性和创造性的管理体制。随着《纲要》的实施，适应经济体制改革进一步深入社会主义市场经济体制的要求，在政府机构改革

中，会计管理体制也不断得到改革和完善。

为适应建立社会主义市场经济体制的需要，为进一步深化会计核算制度改革，1996年1月，财政部制发了《关于深化企业会计核算制度改革、实施会计准则的意见》。这一文件的第三部分"组织领导和分工协调"规定：根据《会计法》规定的会计管理体制和"统一领导，分级管理"的原则，各级财政部门和国务院业务主管部门应当加强对会计准则和行业会计核算制度实施工作的组织领导，做到合理分工，并搞好协调。文件明确：财政部统一管理全国的会计核算工作。其具体负责：第一，统一制定会计核算制度改革的总体方案，指导会计准则和行业会计核算制度的实施工作；第二，统一制定并解释会计准则和行业会计核算制度；第三，统一组织会计准则和行业会计核算制度的实施；第四，统一制定培训规划和培训要求，统一编写培训教材；第五，对各地区、各部门组织实施会计准则和行业会计核算制度的情况和效果进行监察和考核；第六，对各地区、各部门制定的有关补充规定和实施办法进行审查和批准。

关于地方财政部门的管理范围和权限，该文件明确规定：各省、自治区和直辖市财政厅（局）按照法定权限和财政部的统一要求，负责管理本地区会计准则和行业会计核算制度的实施工作。该文件还对各项具体工作的职责、权限做出了规定。

关于各部门的管理权限，该文件规定：国务院各业务主管部门、中国人民解放军总后勤部按照法定权限和财政部的统一要求，管理本部门的会计核算工作。同时，该文件也对各部门有关具体工作的职责、权限等做出了明确的规定。这些规定虽然主要是针对会计准则和会计核算制度的管理，但所体现精神同样适用于其他会计管理工作。可以说，这一规定对我国新时期会计管理体制做出了明确、完整、系统的规定，标志着适应社会主义市场经济需要的会计管理体制的成熟。

## 五、两次政府机构改革对政府会计管理职能的调整

根据国务院机构改革方案，财政部的会计事务管理司改称为会计司。其主要职责包括：管理全国会计工作，拟订或制定全国性的会计法律、规章、制度、规划，组织和管理会计人员的业务培训，负责全国会计职称管理工作。

第一，设立会计局的尝试。到1998年底，全国设立会计局167家。尽管各地会计局的管理体制、内部机构设置等有所不同，但其管理范围、管理方式等大同小异。管理范围基本上包括会计人员管理、会计制度管理、会计电算化

管理、其他会计事务管理等；在对会计人员的管理方式上，前期大都采取"间接管理"方式，即会计人员的调动、任免、业绩考核、专业技术资格的评审等由会计局统一管理，工资福利、晋职晋级、人事档案由各部门自行管理，会计局协调配合。近两年来，在实行会计委派制度试点的一些地区，会计局对一些委派的会计人员采取了直接管理的方式。

设立会计局是深化会计事务管理工作改革的一个大胆尝试。这样做有三条好处：一是随着机构的建立，力量进一步充实，职责进一步拓宽；二是各级领导更加重视会计工作，提高了会计的社会地位；三是可以更好地为会计人员服务，为各单位做好会计工作服务。

第二，会计委派制度的试点。进入20世纪90年代以后，特别是在1995年朱镕基提出"整顿会计工作秩序的约法三章"以后，为适应经济体制改革，整顿会计工作秩序，加强党风廉政建设的需要，不少地方进行了以会计人员委派制为主要形式的会计人员管理体制的改革试点。

这项改革试点最早在湖北省利川市（对国有企业委派会计人员）、江苏省苏州市的甪直镇（对集体企业委派会计主管）以及深圳市、上海市（对大型国有企业委派财务总监）展开。经过试点，会计委派工作取得了明显的成效，引起了各级党政部门的高度重视。在1998年、1999年召开的中国共产党中央纪律检查委员会（以下简称中纪委）全体会议上，作为反腐倡廉、标本兼治的措施之一，中纪委正式提出试行会计人员委派制。此后，各地区纷纷组织试点。据不完全统计，截至1998年底，全国共有105个地级区（市）、414个县（市）进行了会计委派制的试点，直接或间接委派会计人员达14472人。

从试点的情况看，会计委派制的主要形式有：一是直接管理形式；二是委派财务总监的形式；三是委派主管会计的形式；四是财会集中制形式（也称为"零户统管"形式）；五是乡镇集体企业会计主管人员委派形式；六是对农村集体经济组织实行账目集中核算管理；七是企业集团内部由集团（或总公司）向下属企业委派会计人员的形式。

会计委派制试点的效果主要体现在：一是强化了国有资产和财务管理，有效地防止了国有资产和集体资产的流失；二是为从源头上制止铺张浪费、贪污腐败和官僚主义提供了可能，推动了党风廉政建设和社会风气的好转；三是稳定了会计队伍，提高了会计人员的素质；四是提高了会计基础工作水平，规范了会计工作秩序；五是加强了会计监督，提高了会计信息的质量；六是会计管理工作得到了重视，会计管理队伍得到了充实。

应该肯定的是，设立会计局的探索和进行会计委派制的试点，都是进一步改革和完善我国政府主导型会计管理体制的有益尝试。

## 第四节　会计管理体制创新与会计信息质量

我国的会计信息质量现在有一些比较严重的问题，如信息的真实性难以保证的问题，追根究底主要是我国的会计管理体制存在着一定的问题。本节首先介绍了会计信息质量的特征，然后在对会计管理体制组成进行介绍的基础上，指出其问题所在，并且针对这些问题提出相应的创新措施，这些措施对于提升会计信息质量能够起到很大的作用。

### 一、会计信息质量特征

一是可靠性。这种性质的前提是真实，真实性是其真正的标志。只有会计信息本身是真实的，才能够正确地指导使用者做出决定，而正确性以及中立性则是其一种辅助性的标志。

二是相关性。所谓相关性，指的是会计信息可以指导使用者根据其做出相关的决策，由于会计信息的不同做出的决策之间也存在着差异。

三是可理解性。所谓的可理解性就是指财务会计报告中所提供的信息，要尽可能的简洁、清晰、明了，这样才能够便于人们的理解，且使用起来更加方便。

四是可比性。这要求在同一个企业中的不同时间，或者是不同的企业之间的各个方面的信息能够进行对比与衡量。

### 二、会计管理体制组成

作为一种制度来看，会计管理体制由正式的约束、不正式的约束以及实施机制三个部分组成。

第一，作为会计管理体制的不正式的约束部分来看，企业的管理层、会计，以及审计方面的人员的职业道德建设都是不能被忽视的一个环节。在我国，社会经济生活中有很多方面都是使用非正式的约束进行维持的，人们生活的大部分约束都是以非正式的形式进行的。由于非正式约束本身还存在着一定的局限性，因此如果没有正式的约束，成本的实施就会变得很难，从而使得一些较为复杂的交换难以发生。

第二，作为正式约束的一个较为核心的部分，对于会计信息质量管理的法律法规的建设任务还比较艰难。在这些正式的约束中，有企业内部的一些与此相关的制度，还有企业在外部的环境中受到的制约。

由于会计管理机制的存在，人们才能够以此为基准进行决策。在实际的应用中，判断一个国家的会计管理机制是否是完备的，不仅要关注这个国家正式的、非正式的会计法规，判断其是否是合理的，更加需要关注的是有没有相应的实施机制。任何完善的法律，如果没有一个较为健全的实施机制作为支撑，都是如同虚设的存在。历史上，很多情况都并不是没有法律可以作为支撑，而是没有建立起与完善的法律法规相匹配的实施机制。我国目前还没有较为完善的、相应的实施机制，因此要想真正实现对于法律法规的落实，是一件十分不容易的事情。

### 三、会计管理体制创新的作用

会计对于企业的管理层进行决策有着很重要的意义，是其中重要的手段以及工具。会计机构作为企业的一个职能部门，是受到企业管理层的委托来进行会计工作的，其工作的主要目的就是为企业提供服务。会计管理体制的创新能够直接影响企业内部的会计信息质量的完善，从而影响经济的发展，因此有着很重要的意义。

#### （一）完善会计信息内容

因为企业的会计管理体制是相对于其内部的经济活动进行的，因此其中会计管理体制是整个会计信息管理过程中的一个重要的基础。对于会计管理体制进行创新和改进，能够使得会计信息内容更加完备，从而促进企业的经济发展。我国很多企业的治理结构没有产生应有的效果，除了制度上的原因之外，还缺乏支持有效决策以及有效行动的相关信息。这些信息通常是由企业管理的自我调控系统提供的。

企业的治理结构必须能够很好地解决两个方面的问题：一方面是企业的各个相关的利益主体需要什么样的会计信息来帮助他们做出相应的决策，进而能够进行更好的管理，这就需要会计信息内容更加准确；另一方面是建立一个合理的、有效的会计信息的传送系统，这样才能够保证企业的会计信息及时、准确地满足企业的各个利益相关者的需求。因此，对于会计的管理体制进行创新性改革，必须要在政府的帮助下完成。政府对于企业的会计活动构建明确的、较为完备的会计法规体系，从而对企业的会计活动做出整改。另外，相关部门还需要对于制定的规则进行明确的界定，保证企业能够执行相关的规则，在这样的基础上来对企业的会计活动进行外部的制约限制，充分发挥出税收法规体系在会计信息的产生过程中的约束作用。

### （二）改善会计信息失真

目前，会计信息还存在着失真的现象，其中一部分原因就是其与税收制度是不完全匹配的，并且存在着不完善、不健全的问题，正是这些问题导致了会计信息的失真。因此，应该采取一些创新措施来对这种现象进行改善。在企业受到的外部约束中，法律环境的约束是很关键的一部分，而其中税务环境约束尤其重要。税务的规则与企业的会计之间有一定的关系，使得其对于企业的经营者有着较大的影响。因此，税务环境是企业会计行为的一个重要的外部环境。在我国，目前税务规则的实施机制处于较为弱化的环境中。首先，税务规则主要是由人来进行组织和实施的，而有些税务的稽查人员其本身的素质不高，甚至根本就没有经历过正规的学习，对于会计知识不了解。有些人只经过了较低层次的会计学习，难以满足税务稽查人员的工作需要，难以把相关的工作做好。除此之外，还有一些稽查人员存在着经济效益与成本进行比较分析的问题，如果企业严格按照要求进行纳税，虽然可以保证国家的税务收入增加，但是却不一定能够达到稽查人员希望的效果。因此，要想改变税务这部分的问题，应该采取的创新方式就是改变税务稽查人员的经济行为的目标模式。这就需要对相关的制度进行创新性改进，在加大税务征管力度的同时，强化对税务稽查的监控。

# 第九章 会计管理风险控制

## 第一节 企业会计管理风险产生的原因

企业会计管理风险是指在一定时间内和一定空间环境中,会计人员因提供的会计信息存在大量失误而导致损失的可能性。按照影响对象不同,会计管理风险可分为会计人员的责任风险、管理者的责任风险和会计信息使用者的损失风险。具体来说,会计管理风险是会计机构或人员在进行工作时,由于错报、漏报会计信息,使财务会计报告失实或失实的信息误导监控行为而给企业带来损失的风险。这就要求企业的经营者、会计管理人员必须经常进行会计分析,以防范风险,建立风险预警分析指标体系,并进行及时、正确的会计管理决策。

### 一、企业会计管理存在风险的原因

企业会计管理环境的多样性。企业会计管理的宏观环境复杂多变,而管理系统不能适应复杂多变的宏观环境,是企业产生会计管理风险的外部原因。会计管理的宏观环境包括经济环境、法律环境、市场环境、社会文化环境、资源环境等因素。这些因素存在于企业之外,但对企业会计管理产生重大的影响。宏观环境的变化对企业来说是难以准确预见和无法改变的,宏观环境的不利变化必然给企业带来会计管理风险。

企业会计管理风险虽然在短时间内不会给企业的正常运行造成阻碍,但是只要企业进行会计活动,风险就一定伴随而来。在目前的企业会计管理工作中,管理人员对会计风险的管理并没有形成较为系统全面的防范体系,其思想意识仍旧停留在传统的财务管理层面,不能与时俱进地提高知识应用水平及工作责任意识。因此,管理人员对风险认知的缺失是导致管理失败,引起风险问题频发的主要因素。

经济决策盲目进行。企业的经营者不能按照相关数据的分析报表进行计划投资，在做经济决策时过于盲目及草率，就很可能导致投资环节出现较大风险，更严重的还会导致投资失败，使经济利益受损。如果企业想要长远发展，并实现经济利益的最大化，就要在做出经济决策时，利用科学有效的会计信息进行综合考量，并对投资项目的可行性做出方案计划，以规避投资风险。但是目前由于企业经营者的风险意识不够强，导致风险管理的发展存在一定的制约性。这就造成了部分企业在进行经济决策时往往只凭自己的主观判断及经验总结，导致投资失败现象频发，资金损失惨重，从而使得企业经营状况面临危险。

## 二、企业内部财务关系缺乏有序管理

目前我国企业内部的经济管理水平普遍不高，企业内部的责任划分情况不够明确，缺乏强而有力的管理制度的制约，会计管理风险难以控制，使企业经营陷入困境。

确定企业会计管理方向。只有确定了企业会计管理的方向，才能促使企业向着这一目标更快、更好地发展，并在市场竞争中不断优化会计管理模式。在当前的社会经济体制中，企业社会地位的提升，不能仅仅依靠其核心竞争力来实现，更重要的是企业精神及企业管理意识。只有企业管理意识足够强大，才能从根本上提高企业管理水平，促进企业在社会角色中的深化改革。

因此，在会计管理中应充分发挥其风险预判作用。企业若想在市场竞争中占据主导地位，就应将对风险的规避工作放在首位。因为企业只有具备较强的经济运作能力，才能在市场机遇来临时掌控有利时机，提高企业经济运行效率，提升企业经济实力，促进企业的发展目标实现。

提高企业内部监督水平。企业内部的监督管理机构是会计信息真实性及合法性最直接的监管部门，其不仅可以监督企业经济往来是否符合国家相关要求，经济活动往来是否真实，会计工作是否符合规章制度，还可以在监督过程中发现企业存在的财务风险，并对风险进行管理及预防，提高企业经济运行的安全性及可靠性，使会计管理风险的效率得到较大提升。

这其中包括会计部门中的会计从业人员、出纳人员、企业内部审计人员、企业经营者及负责人之间的互相监督。在日常工作中，这部分人员的工作职能既相互分离，又存在一定的联系性，既相互制约，又相互影响。

提高企业财务会计报告质量。企业的会计信息是对企业一定周期内的经营状况及资金流动情况最真实的体现，弄虚作假的行为是不可取的。一旦企业需要外部投资支持时，为了获取更大的投资空间，虚报企业财务收支情况，将会直接导致企业负债增加，企业的正常运行更会受到一定的影响。因此，企业的会计信息务必是真实有效的，这不仅可以树立良好的企业形象，还能够降低会计管理风险的发生频率。

提升会计管理水平。虽然当今时代企业数量呈现不断上升的趋势，但是企业会计管理水平却停滞不前，会计管理无法实现对企业经营情况的宏观控制。因此，企业为了谋求更高效的运行效率，应将会计管理水平进行根本上的提升，以规避会计管理风险，加强会计工作监管力度。会计管理内容要进行细化分工，加强会计责任管理制度建设，充分发挥会计监督职能作用，使会计管理水平更具规范性及有效性，提高企业的综合实力。

在现代企业发展过程中，我们必须加强会计管理工作，贯彻落实责任会计的理念，以科学认真的精神、求真务实的态度建立合理、规范、有序的会计责任体系，促使企业会计人员更加积极主动地发挥其主观能动性，避免人为失误对企业造成的损失，将会计管理风险的防范工作落到实处。

## 第二节　内部审计与企业会计风险管理

内部审计主要是指企业站在战略高度，对企业内部的财务风险进行有效管理和调控，使会计工作能够更加完善，符合企业既定的发展目标，为企业内部各个不同部门和单位的管理人员提供真实有效的管理意见。实现企业内部审计工作与外部审计工作的完美配合，是当前阶段企业审计过程中的最大特点。这不仅能够有效优化企业审计管理，也能配合国家审计部门完成相应的工作。将企业内部审计应用在企业会计风险管理当中，有利于提高会计风险管理水平，降低企业各项决策的风险性，推动企业快速稳定发展。本节将针对企业会计风险管理当中内部审计的基本定位和积极作用进行分析，同时对企业会计风险管理中内部审计应用效果提升的具体策略进行研究。

内部审计工作是保证企业正常生产运营的关键所在，尤其是企业内部审计与企业风险管理，在企业管理当中发挥了重要作用。对企业内部审计工作所涉及的内容进行分析，能够得到企业员工的工作情况价值评价，对企业各个部门创造的价值进行评价，此类信息都可以作为企业决策的参考数据，为保证企业快速稳定发展提供可靠依据。企业内部审计工作的有效性能够分担企业外部审计的工作量，提高企业财务管理效率，对企业财务工作流程进行相应优化。同时，企业内部审计能够有效降低企业运营风险，保证各部门之间的良好配合。

## 一、企业会计风险管理中内部审计的基本定位和积极作用分析

### （一）企业会计风险管理中内部审计的基本定位

企业在会计风险审计方面需要具备三个基本组成要素，分别是风险控制、固有风险以及风险检查。其中风险控制主要是针对企业内部没有得到及时处理的风险问题开展预检，如相关数据的错报、漏报等。导致出现此类风险问题的原因主要是企业自身在内部控制方面缺少科学性与合理性，或者在内部管理方面存在执行效率不高的问题。固有风险主要是指，除企业内部管控能力和水平因素外，在企业进行交易的过程中账户出现错报或漏报问题，以及企业账户余额管理出现问题等。企业会计针对风险进行管理，如果账户余额管理出现重大问题，随之会引发审计固有风险提升。如果不考虑以上原因，在正常市场环境下，企业的固有风险通常与行业发展水平、企业经营情况、经营环境等因素紧密相关。

### （二）企业会计风险管理中内部审计的积极作用

现代企业会计风险管理水平与企业内部审计工作的有效性密切相关，企业具备良好的内部审计制度和执行能力，可以实现对风险管理体系的调整和完善，从而提升企业财务风险的预估能力，保证企业运营的平稳性和安全性。企业的内部审核委员会，是企业董事会当中的二级机构，在开展审计工作的过程中，不仅需要站在战略高度，同时也需要结合企业的治理目的开展各项审计工作。开展内部审计工作有利于完善企业的风险管理评估体系，同时提出有针对性的应急预案和问题解决对策。从发展的角度看，企业提高对内部审计工作的重视程度，能够有效降低企业会计风险，有利于企业的可持续发展。内部审计工作的开展过程，通常与企业的正常生产运营不产生关联，所以能够更加客观全面地评价企业会计风险，对企业会计风险管理过程中存在的问题或缺陷提出科学合理的改进意见，与企业相关部门进行协作，为企业制定审计方案。因此，企业内部审计是企业会计风险管理中的重要内容，能够优化企业会计风险管理机制，有利于建设完善的企业会计风险管理体系。

## 二、企业会计风险管理中内部审计应用效果提升的具体策略研究

### （一）企业内部审计工作应保证独立于其他部门

企业内部审计工作必须具有较强的独立性，虽然需要与其他部门进行配合完成审计内容，但是缺乏独立性的企业内部审计机构，很难保证其审计工作的质量，同时也会对企业内部审计顺利开展产生一定的制约。因此，企业内部审计机构需要在开展审计工作的过程中保证审计资源独立整合，同时注重审计工作的公开性和公正性，通过提高审计人员职能和责任意识，减少企业内部审计机构与其他部门之间的联系，来确保审计结果真实有效。同时，作为企业的管理层，需要加强对企业内部审计工作重要性的正确认识，使内部审计工作能够在企业会计风险管理当中发挥有效作用，提高企业会计风险管理工作的科学性、客观性以及合理性。结合企业管理情况完善内部审计机制，建立一个能够独立于企业监督部门和财务部门的内部审计体系，从而保证企业的内部审计工作能够向公正、公开、公平、透明的良好方向发展，为降低企业会计风险，提高企业核心竞争力发挥有效作用。

### （二）企业内部审计风险评估需要注重科学性

为了确保企业内部审计工作能够提高企业会计风险管理水平，还需要负责企业内部审计工作的相关人员能够在开展企业内部审计工作前，对被审计企业进行深入的调查分析，全面掌握企业经营项目当中可能存在的问题，更好地把握企业风险控制方向。在开展企业内部审计工作的过程中，负责审计工作的相关人员需要严格遵守审计工作标准与规范，为审计结果的真实性和完整性打下良好基础。

### （三）注重提升企业内部审计工作的整体质量

通过结合企业内部审计工作降低企业会计管理风险，能够有效提升企业对会计风险的预估能力，在提升企业风险管理水平的同时，还能制定出相应的预防方案和改进措施，从而保障企业运营的稳定性。要想提高企业审计工作在企业会计风险管理中的应用效果，需要企业首先提升内部审计的工作质量，明确规定企业内部审计人员的基本职能，规范企业内部审计的工作流程，要求审计人员按照规范、流程开展内部审计工作。审计负责人员在收集相应审计资料的过程中，需要采取正确的收集方式，确保资料的真实性。同时，相关人员还需要对企业内部审计工作全程进行记录，方便企业管理部门调查和考核。

### （四）注重提升企业内部审计在风险评估方面的完善性

在市场经济全球化背景下，我国市场环境日趋复杂，企业要想保证内部审计工作的有效性，应首先健全内部审计工作中的企业会计风险评估体系，切实提高企业会计风险管理水平，从而有效降低企业在生产运营过程中可能出现风险的概率，推动企业稳定向前发展。企业在开展内部审计工作的过程中，需要审计机构能够对企业中被审计部门进行全面调查，通过分析对风险做出预估，其中主要包括前文提到的企业固有风险、风险控制以及风险检查。如果在审计过程中发现一些不确定的会计资料或信息，必须提高警惕，谨慎处理，同时结合风险预估机制评估可能给企业造成的危害，结合问题找到科学有效的风险规避措施。

随着当前市场环境越加复杂，企业在生产经营过程中需要面对各种风险的概率也在不断提高，企业会计风险管理的有效性，不仅关乎企业财务问题，同时也会影响企业发展和长远规划。因此，将企业内部审计工作应用到企业会计风险管理当中，是未来企业可持续发展的必然选择，同时也是现代化企业的发展趋势。在企业未来会计风险管理的过程中，需要不断提高审计工作的科学性、准确性，通过进一步全面落实企业内部审计水平，提高企业会计风险管理工作质量。

## 第三节 企业会计电算化的风险管理

随着时代的进步与经济的发展，会计电算化已经成为各个企业会计工作的基本方式。会计电算化是以电子计算机为主要工具的当代电子技术和信息技术在会计工作中的运用，在会计发展历史上是一个跨时代的变革。会计电算化的广泛应用，是时代发展的要求，也是会计发展的要求。但是，会计电算化使传统会计工作更加高效准确的同时，也存在着很多潜在风险。本节将从会计电算化的基本情况分析出发，探究会计电算化存在的种种潜在风险，同时提出针对企业会计电算化风险管理的对策与建议。

会计电算化将现代信息技术与会计工作紧密结合在一起，其实施能够更加全面系统地分析整合会计信息，减轻会计工作人员的工作负担，使企业提高运作效率，获得更大的经济效益，标志着会计工作现代化的发展。但是，会计电算化在将高效与便利带给企业的同时，由于专业技术、操作人员、安全防护等方面的问题，也蕴含着种种潜在风险。因此，对企业会计电算化的风险管理及对策的探究十分必要。

会计电算化是计算机技术与会计工作相结合的产物，其帮助企业实现了运用专业的会计软件操作现代计算机设备来代替传统的手工会计业务处理，高效准确地进行记账、报账、查账工作。与此同时，会计电算化还在传统会计业务处理的基础上丰富了会计工作的内容，如可以分析、整合会计信息，做到事前预测、事中监督，从而有利于企业做出准确的决策，提高企业经营管理水平。会计电算化推动了会计理论与技术的创新以及会计观念的更新换代，促进了会计工作现代化的发展进程。

### 一、会计电算化的发展现状

在当今世界经济全球化的趋势下，会计电算化已经成为企业会计工作的重要工具。同时，随着社会经济与科技的迅速发展以及会计理论体系的不断完善，会计电算化在企业的经营管理活动中起到的作用越来越显著。

会计电算化在我国的起步时间较晚，20 世纪 70 年代末，我国企业开始认识会计电算化，随后开始逐渐深层次地了解并慢慢地运用到企业的会计工作中。1996 年，我国的企业会计电算化发展到创新提高阶段，全国各大企业开始广泛应用会计软件实施会计电算化。时至今日，我国的会计电算化工作已经逐渐成熟与完善。

### 二、会计电算化存在的风险分析

会计电算化的系统风险。会计电算化系统正常且稳定运行是企业会计工作顺利实施的保证。但是在实际工作中，会计电算化系统仍然存在着不少风险。其中，数据风险和系统故障风险占据着主要地位。

会计电算化虽然在一定程度上节省了人力，但是一些原始的数据和信息仍旧需要人工输入，如果人工输入的数据存在错误，将会导致会计电算化系统计算出来的数据存在错误，最终得到错误的结果。这种关联性与反复性的错误就是会计电算化系统存在的数据风险带来的。

由于会计电算化是计算机技术与会计工作结合的产物，其工作过程由计算机设备来进行操作，所以计算机设备在运行过程中出现的问题就成为形成会计电算化另一类风险的原因。例如，计算机硬件发生故障，可能会导致已保存的数据丢失，给企业带来损失。

会计电算化操作不规范导致的风险。会计电算化背景下的会计工作需要同时精通会计专业知识与计算机知识的复合型人才,然而当今社会却十分缺少这种专业素质高的复合型人才。大多数会计从业人员只掌握一些基本的应用软件的操作,对于会计软件的操作规范不熟悉,十分容易产生操作失误、录入信息有误、利用职权徇私舞弊等现象。会计电算化的规范化运作并没有完全实现,这对企业产生消极的影响。

会计电算化安全防范不当导致的风险。网络安全是当今社会主要的安全问题之一,对于设置有局域网的企业来说,网络安全问题,尤其是财务方面的会计软件安全问题极易出现,并且极易传播。网络病毒和黑客侵袭、数据传输与备份过程遭遇外来病毒入侵等问题都会导致企业的经济损失。

### 三、会计电算化风险管理对策

第一,及时更新维护会计电算化软件。会计电算化相关软件是企业会计工作的基础,也是企业会计电算化风险的主要来源。因此,守好会计电算化软件这一关对于企业会计电算化工作顺利实施有着重要的意义。首先,企业应当购买和应用成熟、安全,并且适合企业实际需要的会计软件。在软件安装使用之前,要对操作人员进行系统的培训与考察。其次,在软件的使用过程中,要进行实时的监控维护以及病毒查杀,同时为了更有效率地进行工作,还需要定期对会计软件进行更新。

第二,培养高素质的会计人员,加强其对会计电算化的认识。虽然说会计电算化从一定程度上解放了人工,但是会计从业人员仍是会计业务操作的主导者。因此,会计从业人员应当积极顺应时代潮流,熟练掌握会计应用软件的操作流程,并且精通系统维护、网络安全、程序更新等技能,成为计算机知识与财务专业技能同时具备的复合型人才。

第三,建立、健全会计电算化内部控制制度。建立、健全会计电算化内部控制制度是防范风险的基本方法,也是保证企业会计工作正常开展的前提。企业应当结合自己的实际情况,严格规范会计从业人员的行为,做好各项工作的监督控制,明确各个岗位的责任,规范各个工作流程的标准,完善企业会计电算化的内部控制制度。

# 第十章 会计管理的实践应用研究

## 第一节 税务会计管理的实践应用

会计管理是现代西方国家把"管理"与"会计"这两个主题巧妙地结合起来的一门新兴的、综合性很强的边缘学科，是现代会计科学的新发展。会计管理是会计的重要分支，目前在企业的内部规划、决策、控制和评价等方面发挥着重要作用。随着我国经济、社会等各个方面的迅猛发展，会计管理已不仅仅是企业管理发展的需要，也是行政部门强化财政资金管理的迫切需要。会计管理是一种管理手段和工具，将其运用于税务管理中，既是税务会计功能的拓展和创新，更是新时期税务管理的内在需要。税务部门应结合其自身特点，对于会计管理深化认识、准确理解并科学应用，从而加快税务会计管理体系的建设步伐。

### 一、目前税务会计管理应用的瓶颈

近几年，税务会计管理已经应用于税务活动之中，并在税收管理中发挥着重要作用。税务会计管理与税务会计既是相互联系的，又是相互依存的。税务会计是基础，税务会计管理是对税务会计职能作用的延伸。但是，二者又是不同的。税务会计主要是对税务经费的来源、去向（用途）的核算、反映、监督。而税务会计管理则主要是利用财务数据、资料对税务活动进行分析，管理。总体来看，会计管理在税务部门的应用仍然处在初级阶段，一方面，其应用范围较小，只有少数工作和项目运用了这种管理手段；另一方面，其应用水平不高，没有充分发挥会计管理的服务作用。当前税务会计管理应用的瓶颈主要表现在以下方面。

一是缺乏税务会计管理规章制度和操作流程。税务会计管理活动与其他财务会计活动一样，要有相应的规章制度来进行规范。税务会计管理的应用，是税务管理方法与手段的创新。但是，税务会计管理规章制度方面几乎为零。税务会计管理的操作流程、具体的管理职能以及其与税务会计的关系等也没有明晰的阐述。这些亟须制定的制度、管理方法及待明确的操作流程问题，阻碍着税务会计管理的操作和应用。

二是税务会计管理人员的专业素质较低。会计管理人员的专业素质的高低，对会计管理工作的顺利开展有直接影响。但是由于历史的原因，在基层税务部门，懂得税务会计的人员多，熟悉会计管理知识的人员较少，对新的会计管理技术运用的经验比较欠缺。专业人才的欠缺致使会计管理的工作无法有效进行，从而成为制约税务会计管理应用的又一个重要因素。

三是获取会计管理的信息难度较大。目前，税务信息化建设与数据效益的互通整合迈出了坚实步伐，数据化程度得到有效提高，但会计信息的数据质量参差不齐，大数据在会计管理中的应用深度不够，对会计战略的反映不够突出，对企业决策的支撑作用还有待深化。这主要体现在会计管理在数据信息的统计和利用方面存在难度。税务部门中会计管理的信息来源主要有税务内部、外部两方面。目前没有设置专门的数据库来管理纳税单位的数据信息和相应的软件系统，造成数据信息不能被相应的会计管理方式所调用。会计管理的信息数据对税务的会计管理工作有重大意义。在这样的情形下，会计管理的相关人员就只能通过问卷、报告、日常生活交流、会议记录等方式来获取相关的信息，这使得税务部门会计管理信息的来源较为复杂，获取信息的难度也在加大，导致信息的准确性、一致性受到了限制。会计管理系统也就无法全面正常运行。

四是税务管理服务和效率仍有不足。随着社会的不断发展，社会经济的业务日渐繁杂，给税务会计管理工作带来了较大的考验。税务部门中的会计管理业务主要的来源是各个纳税企业，由于企业的快速发展，税务会计管理工作也在不断进行创新，出现了一些新的管理方式。可这些管理方式在其具体的操作中却无法达到预期的效果，还对税务会计管理的应用造成了一定的制约。税务会计管理工作是需要多方面考虑、解决的问题，如制定税务管理的目标、提高税务管理的效率等，这将影响到税务会计管理的应用和发展。

## 二、加快税务会计管理应用发展步伐的建议

要加快税务会计管理的发展，就必须对其会计管理应用中的各种问题进行

# 第十章 会计管理的实践应用研究

有效解决，减少会计管理应用中的瓶颈所造成的阻碍，才能使税务会计管理的相关人员获取有用的信息，并以此对税务会计管理工作进行进一步完善，使会计管理工作的优越性得以发挥，进而更好地服务于社会。因此，在现代经济环境下，需要采取以下有效应对策略，以加快税务会计管理的发展步伐。

一是建立、健全相关规章和操作。一方面，建立、健全适合会计管理工作需要的企业内部财务制度，包括内部会计核算制度以及内部财务管理制度等。会计管理不同于税务会计管理，也不同于税收征管活动。因此，要通过深入调研，了解税务会计管理的特征、操作流程、应用的新要求等，结合实践制定出税务会计管理的操作流程、规章等。应用税务会计管理加强对企业内部的税务活动监管的关键是要密切联系实际，实施有效的、科学的操作，有的放矢地进行管理，充分发挥会计管理的职能作用。另一方面，在现代市场环境下，为了增强税务会计管理应用的能力，税务机关内部需要建立和完善税务会计管理的核算体系与指标体系。税收活动的特点是"依法治税，依法征管"，税务会计管理要依法参与各种管理活动。社会经济活动的变化、改革的深入，都会引起税务活动发生变化。因此，税务会计管理要坚持动态管理原则，以确保每一项管理都符合实际，以取得预期的效果。

二是开展培训提供人才支撑。多年的实践证明，紧密联系税务工作实际开展专业知识培训，是一个投入少、时间短、见效快的好方法。破解税务会计管理人员缺少的问题，及时让税务人员掌握会计管理知识，应开展多种形式的培训工作，有计划地组织税务人员学习会计管理知识。首先，要组织专题培训班。组织现有的会计管理人员学习会计管理的有关知识，尽快掌握会计管理的操作、管理技能，适应税收征管的需要。其次，把会计管理知识列入税务人员学习培训规划，做到会计管理知识培训全覆盖，做到"人人学，人人懂，人人会运用"。最后，引导对会计管理有兴趣的税务人员深入学习。譬如，组织税务人员到大学专科院校进修学习，同时鼓励自学，尽快培养一批税务会计管理的专业人才。这样可使有新的管理技术却没有专业管理人员的问题得以有效解决，使会计管理人员素质较低的瓶颈得以突破。

三是突破会计管理信息处理的瓶颈，加快会计管理信息化建设。信息化是支持会计管理理念与方法落地，支撑会计管理功能作用发挥和价值实现的重要手段和推动力。这可以从以下两方面来进行。一方面，对会计管理的工具整合工作进行完善。工具整合是税务会计管理的功能作用可以得到发挥的前提。税务部门属于国家机关，税务会计管理和一般的企业会计管理工作是不同的，这些相关的管理方法均是通过独立系统来运行的，没有结合在一起，就无法实现资源的共享。因此，只有将各个会计管理的工具结合在一起，将其进行统一之后才能实现资源共享。另一方面，建立相应的数据库，将所采集的信息存储在数据库中，让信息传递、更新的速度得以加快，进而满足管理人员的个性化需求，最终让信息来源多元化的瓶颈得以突破。

四是提升管理技能和工作效率。在全面深化改革、产业转型升级的新时期，企业数量越来越多，涉税种类越来越广泛，传统的会计职能已经不能满足经济发展和群众的需求。因此，税务工作者应充分运用会计管理，帮助企业对销售成本、利润甚至企业资金的变动趋势做出预测。同时，其还可以运用会计管理对产品进行评估，了解产品在生命周期各环节中的成本和进入市场后成本的转换情况，测算、评估产品的经济效益，帮助企业选择更合适的投资计划，优化企业资源配置、提高企业经济效益和核心竞争力。税务部门也可以运用会计管理了解企业的运营情况，结合当前的经济发展形势，制订更加科学合理的税收计划，保障基层单位顺利完成税收任务。目前，税务部门的经费并不宽裕，需要用钱的地方很多，资金供求矛盾仍十分突出。因而，其要运用会计管理，建立、健全行为规范、运转协调、管理高效、服务优良、公正廉洁的税务管理体系。企业可以通过加强预算管理，有效识别评估业务及管理的内外部风险，优化资源配置，协调部门间的合作，为内部管理提供决策意见和建议，使每个部门都能发挥最大的效能。

## 第二节 财务管理与会计管理的关系、衔接和应用

财务管理作为现代企业经营管理工作的最为核心的内容和组成部分，其管理质量以及管理效率直接关系着现代企业的财务安全和发展前景。本节主要针对财务管理与会计管理的衔接和应用进行探究，希望能为企业财务管理工作提供一定的参考。

### 一、财务管理与会计管理之间的关系

财务管理在企业运行管理过程中占据至关重要的地位，企业要想获得持续稳定的发展，必须要建立起科学完善的管理制度，尤其是财务管理制度。企业的财务管理包括财务会计以及会计管理两部分。会计管理可以为企业提供必要的财务支持，辅助企业管理者进行决策和确定企业的发展方向。会计管理可以监测和评估企业的各项生产经营活动，为企业全局化管理提供视角，预测企业

在发展过程中可能存在的财务风险，以及企业未来的发展方向。

会计管理属于对内的会计，财务会计则属于对外的会计，财务会计主要负责对企业实际资金往来进行审计和监督，保证企业财务的健康发展。财务会计与会计管理二者之间既存在一定的关联，又存在较大的区别。财务管理活动开展的关键在于财务会计，而财务管理活动延伸和发展成为会计管理。因此，在企业实际的管理过程中，需要结合会计管理以及财务会计的实际特点，共同推动企业的可持续发展。会计管理与财务会计侧重的方向并不相同，但是二者之间仍然存在很多相似点，会计管理以及财务会计都属于管理岗位的工作，需要对企业运转的各项细则进行记录并对数据进行分析，会计管理需要确定决策的方向，以保证企业能够避免财务上的风险。会计管理与财务会计都具有相同的职能。会计管理需要分析整个企业的信息并评价企业的未来决策效果，财务会计主要起到对公司财务监督和审计的作用，两者的职能从本质上来看也是一致的。

## 二、财务管理与会计管理的衔接和应用

第一，建立、健全会计管理制度。企业在进行财务管理以及会计管理制度制定的过程中，首先，需要充分结合企业的发展形势以及企业未来的发展方向，保障企业制定的财务管理制度和会计管理制度能够满足当前企业的实际发展需求，并做好第三单位的监督工作，使得制度可以真正地落实下去，不能流于形式。其次，在企业财务管理的过程中，需要充分发挥会计管理的作用和功能，避免财务会计和会计管理的混淆，合理规划和科学划分资源配置，为企业的发展以及领导者的决策提供财务数据支持。最后，企业内部各项工作的职能部门需要进行积极地配合，不断整合财务会计和会计管理的工作内容，明确各职能部门相融合的发展要求以及现状，划分好各个部门以及员工之间的责任和义务，实现财务会计及会计管理之间的共同协作，使得财务管理活动可以顺利稳定地开展。

第二，加强对会计管理人员的教育和培训。会计管理与财务管理工作的衔接和应用需要专业的会计管理人才的支持与参与，加强对现有的会计从业人员的培养以及教育也是十分必要的。需要根据企业当前发展的特点以及实际发展的要求对财务管理活动进行大面积的调整，打造新型会计人才队伍，要求所有的会计从业人员能够参与会计管理的培训工作并取得相关的证书，实现会计管理以及财务会计的有效融合。企业还应尽快建立新的工作模式，认识到人才培

养的重要性，保证会计管理和财务会计能够科学地融合到一起。

第三，加大计算机技术的应用力度。随着科学技术的不断发展和信息时代的全面到来，绝大多数的企业都已经实现了财务管理的信息化建设，信息共享速度以及传递速度越来越快，极大地提升了会计管理工作的质量和效率。企业内部会计管理及财务会计的信息来源基本一致，因此，需要加大计算机技术的应用力度，进一步实现会计管理以及财务会计之间的信息数据共享，实现信息资源的高效利用。同时，企业还可以结合信息系统构建会计管理以及财务会计的信息目录，并对二者的信息数据进行系统地分类和整理，根据已经构建出来的目录建立起完善的数据管理系统，搭建对接会计管理以及财务会计的平台，并将平台与会计信息系统和企业内部的监督系统进行对接，在促进会计工作网络化发展以及信息化发展的同时，有效结合企业的管理工作以及财务工作。

第四，加强对会计管理的理论研究。从现实情况来看，在财务管理过程中应用会计管理已经取得了一定的成绩，但是仍然需要进一步地优化和完善。在进行会计管理研究时，需要积极引入国内外高水平企业的管理理念，可以通过应用平衡计分法以及作业管理法等相关管理技术提高会计人员的工作积极性。相关人员在进行会计管理理论的研究过程中，必须要与实际情况相结合，做到实事求是，并制定明确清晰的目标。

第五，加强会计管理工具的应用。会计管理在与财务管理进行衔接的过程中，还要求会计管理的管理水平和工作水平长期处于较高的位置，不断向财务会计的相关工作靠拢。现代企业还需要在正确认识会计管理工具以及会计管理的基础之上，积极应用会计管理工具，进行会计管理工具与会计管理融合的探讨，使得企业财务管理可以与会计管理系统衔接到一起，充分发挥会计管理的作用和价值，提高信息的安全性和可靠性。

会计管理对企业的决策制定以及企业的经济效益提升具有至关重要的影响。本节主要指出会计管理和财务会计之间的联系和差异，明确两者的特点和功能，希望能够为企业财务管理活动提供一定的参考，保障企业持续健康发展。

## 第三节　会计管理的创新应用

### 一、会计管理的信息化应用

企业是国家市场经济的细胞，财务管理是企业的管理重心，实践证明会计管理的实施有助于企业管理水平的提升。只有实现会计管理的信息化，才能充分发挥会计管理的作用。

会计管理是会计的重要分支，其主要任务是通过对业务和财务数据的收集、分析、运用，实现对企业预算、成本、资金、绩效的管控，解决企业在发展过程中遇到的问题，为企业的战略、决策、控制提供支持，实现企业股东价值的最大化。

### （一）会计管理的信息化应用现状

企业面临的市场竞争越来越激烈，提升企业的管理水平势在必行。为提升企业的竞争力，2014年财政部发布《关于全面推进会计管理体系建设的指导意见》，倡导推进会计管理体系建设，随后发布了一系列的会计管理指引。目前，许多大型的国有企业和民营企业已经逐步推行会计管理系统，帮助企业对成本费用进行精细化管理，提高企业管理水平，产生了良好的经济效益，但更多的中小型企业对会计管理无所适从。

1. 对会计管理的认识不够

很多企业对财务工作的认识还停留在传统的会计核算上，财务部的工作内容主要还是对日常报账单据的审核，当期税收的申报，会计凭证的制单，每月出具财务报表，报送给税务机关、银行等各机构。企业认为会计电算化就是会计管理信息化，没有认识到财务数据与管理数据的差别，没有认识到财务部门是企业的管理数据信息中心。企业的决策更多的是依靠管理者在粗略数据基础上的经验判断，一旦决策失误往往导致企业损失惨重，造成我国中小企业的平均续存时间相比国外企业较短。

2. 会计管理信息化实施的投入不够

首先，会计管理信息化要从企业战略的高度得到重视，企业领导不重视，不愿意投入，就会对企业会计管理的实施造成根本上的阻力。其次，企业要在财务部等部门的组织架构、工作内容上进行调整，从工作方法上进行转变，涉及员工工作习惯的改变，有时候会遇到很大的阻力。最后，企业要在管理软件和信息化实施硬件上进行投入，从前期筹划到正式运营，需要投入大量的人力、物力和财力，产生效果需要一定的周期，见效晚、投入高，动辄上百万的投入，让很多企业望而却步。

### 3. 会计管理的信息化体系不完整

会计管理理论在不断地发展，理论体系如何应用到企业的实践中是每个企业遇到的难题，没有一个标准的信息化模式可以适用于每个企业。每个企业在推进会计管理建设的时候就会遇到很多困惑。比如，如何把管理的要求通过信息化的手段结合起来，如何设置关键绩效指标（KPI）考核，预算和绩效考核如何结合起来，绩效报表和财务报表如何实现共享。企业需要不断融合自身对预算管理、成本管控、资金管控的要求，搭建适合自身的会计管理体系，走本企业的信息化之路。

## （二）探讨如何完善会计管理的信息化应用

### 1. 营造良好的信息化实施氛围

企业内部对信息化应用的接纳程度与持有态度决定了会计管理信息化的高度和深度。会计管理是协助企业内部财务管理的重要手段，只有营造一个良好的内部环境，使信息化深入企业文化、员工思想和内部管理机制中，信息化应用才能得到发展。企业应充分宣扬创新思维，组织员工对标学习，开启头脑风暴，提高他们的积极性，使其可以更好地接纳信息化技术在企业中的使用。在信息化运行之初，要做好实际情况和需求的调研，在实施过程中群策群力，解决各种问题，在实施后做好总结和维护，为后期的管理需求总结经验。

### 2. 财务管理架构的重新整合

以往的财务部是按会计核算的需要来设置会计岗位的，会计岗位与会计科目紧密结合，如设置往来会计核算应收和应付账款，设置费用会计核算销售费用等三项费用，设置税务会计负责纳税申报和应交税金的核算与核对，设置总账会计负责出具资产负债表、损益表等财务会计报表，所有的人员配置都是围绕会计核算工作。

向会计管理转型，我们必须要对会计人员的岗位重新进行设置，把人力资源进行科学合理的分配，重新设置各岗位的职责。一般来说，财务部可以设置成以下几个模块。

（1）财务共享服务中心

该中心负责企业所有经济业务的会计核算工作，根据经营单位提交的原始凭证，根据会计准则，统一会计科目、统一会计政策、统一核算流程，按照"三统一"的原则，制定标准的会计凭证，出具财务会计报表。

（2）资金管理中心

该中心负责企业资金风险的管理，结合各经营单位的资金需求，编制企业的资金平衡计划，根据计划筹措、调拨资金，对内部拆借进行结算，提高企业资金的收益。

（3）业务财务中心

该中心以每个经营单位为服务主体，负责各经营单位的财务管理工作，通常由预算会计、成本会计、资产会计组成，通过全面预算的管理工具对经营单位进行管理，利用本、量、利等分析法降低经营单位的成本，对存货、固定资产、应收账款等资产进行管理，保证账实相符，提高资产周转率，每月定期出具管理报表，提升经营单位的管理水平。

（4）内控管理中心

该中心负责整个企业财务内控体系的建设，根据经营管理过程中发现的问题完善相关制度，监督管理各财务中心的会计人员是否按内控体系的要求进行会计核算和经营管理。

3. 会计管理的信息化应用

"工欲善其事，必先利其器。"要想发挥会计管理的作用，就必须对我们的财务管理工具进行改进，把企业经营的各个环节纳入信息系统中，提高管理的效率和效果。

设置财务共享服务中心集中进行会计核算，对于费用借支报账等比较成熟的会计核算推行网上报销系统。业务人员按设置好的格式和费用标准在网上填报费用单据，对原始报账的发票等单据进行影像上传，实行网上审批。审批结束后，自动生成会计凭证，会计核算人员审核后记账，降低人工核单的误判和劳动量，节约单据流转的时间，提高了效率。

在整个企业推行统一的企业资源计划（ERP）系统，从销售接订单—采购材料—材料入出库—生产—完工入库—销售出库—应收回款等企业经营各个环节对经营全过程进行系统管控，最终形成会计管理的经营数据。梳理企业的管理流程和标准，明确每个部门的职责，界定各项经营数据的关系和逻辑，打通数据的联结通道，通过ERP共享部门间的信息，把一个个信息孤岛集成起来，保证数据的一致性、准确性和时效性，充分发挥企业信息系统的作用，迅速提高企业的生产效率和对市场需求敏捷的应变能力。

对于制造业而言，生产环节是成本管控的难点，可以通过制造执行（MES）系统实现生产过程信息化。MES系统从ERP系统得到工作工单，并将工作命令进行细化、调度、排产，对制造过程进行指引、控制，采集制造过程中的原料批次信息、生产信息和质量信息，并将采集到的生产信息及时反馈到 ERP 中，从而与 ERP 连接起来，及时掌握生产现场的信息。

复杂的股权结构，重叠的控股关系，跨地区、跨行业的经营模式，造成企业所有银行账户的结余存款汇集起来是很大一笔闲置资金。同时，资金管理难度大，企业可与银行合作开发适合自身需求的银行账户交易管理系统，加强结算管理、内部信贷管理、内部账户管理、融资管理、投资理财、票据管理、信用证管理、资金监控，提高企业对资金的管理水平，盘活资金，加速资金周转，提高资金的使用效益。

企业应不断学习培训，不断完善信息化。通过会计管理信息化调动整个企业的人员参与进来，形成合力。信息化工作一定要作为"一把手工程"来抓，制订详细的实施计划，充分调研需求，仔细选择信息化软件，全员参与实施，在各阶段做好岗位的培训工作，使员工能熟练操作信息化系统，会计人员要加强对信息数据准确性、及时性的关注，保持信息系统长期稳定运行。信息化的实施没有终点，企业的生产规模、经营范围不断扩大，又会遇到新的问题，企业要不断结合自身的情况调整会计管理信息化的重心，助力企业的发展。

工业革命到现在已经进行到工业 4.0 阶段，人工智能、物联网方兴未艾，在这个大数据时代，会计管理的实施离不开信息化。企业应当坚定不移地走会计管理信息化之路，提升其管理水平。企业一定要结合自身的需求，制定实施方案，落实推进计划，确保信息化能提高企业效率，实现企业管理的效果。同时，我们也应当清醒地注意到，管理没有止境，信息化也没有止境，必须要不断吸收会计管理的先进理念，不断地完善信息化工具，与时俱进，这样才能实现会计管理的经济效益。

## 二、战略会计管理应用

随着社会主义市场经济的不断发展，以及经济的全球化，单纯的传统会计管理已经很难满足企业战略管理的客观要求。在当前日益激烈的国际市场竞争大潮中，要确保企业处于市场竞争狂澜的不败之地，大多数企业开始完善自身的财务管理系统，战略会计管理成为推动企业战略管理及战略创新的重要力量。战略会计管理是会计理论与会计实践有机结合的重要体现形式，对于促进企业的长远发展有着积极的作用，本节重点研究战略会计管理在我国的具体应用。

### （一）战略会计管理的职能

从财务管理的角度来看，战略会计管理也属于会计范畴，而从企业管理的层面来定位，战略会计管理实际上是一种视角更为开阔的管理理念。因此，战略会计管理既是一种财务管理方法，又是一种企业管理理念，而且其将随着企业管理及财务管理的发展变革而逐渐上升为今后会计管理系统的核心理念，即战略管理理念。

要探讨战略会计管理在我国企业中的具体应用，首先要明确其职能，这包括核算、预测、决策、规划、控制、评价激励等各个方面。一是战略会计管理具有成本核算的基本职能。战略会计管理的成本核算职能体现在成本核算的方法，涉及成本核算的基本方法、辅助方法和日常方法等，还包括基于战略管理的成本核算方法。二是战略会计管理具有预测、决策的重要职能。预测、决策职能包括了预测分析、战略决策和战术决策等，对销售、利润和成本进行科学预测，对企业的经营类型和范围进行决策，选择企业的战略目标，协助管理者进行战略定位决策，以及对经营产品的品种决策与修正等诸多方面。三是战略会计管理具有规划、控制的重要职能。规划、控制职能主要体现在预算管理和成本控制两个方面。其中，预算管理包括编制理论基础、业务预算以及作业预算等；成本控制是在成本核算的基础上进行的，通过定额成本法和标准成本法对经营成本进行差异分析，优化产品成本分析和价值链管理，提升企业的全面质量管理水平。四是战略会计管理具有评价、激励职能。战略会计管理的评价、激励职能包括业绩评价和业绩激励。其中，业绩评价是基于战略管理理念对成本中心、利润中心和投资中心的业绩评价指标进行修正和优化；而业绩激励则是对经营者与职工的制度化建设内容。实际上，基于战略高度的业绩评价系统有利于对企业战略的实现程度进行全方位的综合评价，打破了单纯财务视角的束缚，因此这将是今后我国企业发展必不可少的重要应用系统之一。

### （二）战略会计管理在我国的具体应用

近年来，战略会计管理的理论和方法也被大量引用和借鉴，相关的研究也很多，但是基本上处于引用西方战略会计管理理论的初级阶段，尚无对该理论的中国化或本土化等进一步提炼。战略会计管理从理论探索到科学实践，必然要经历一个漫长的过程，也肯定会遇到一系列难题。下面我们对战略会计管理在我国企业的具体应用情况进行概括分析。

首先，我国战略会计管理应用尚处于探索期。战略会计管理对管理的实质进行了革新，其要求企业从传统的单纯关注企业内部管理转向兼顾内部、外部两方面的战略管理,而这种管理理念、方向、模式的转变,客观上需要一个漫长的时期。因此,笔者就将其总结为战略会计管理应用的探索期。目前,战略会计管理在我国企业的应用处于初级阶段的基本水平,第一,是由于我国企业对战略会计管理的需求不大。这是因为国内企业内部的管理模式与我国社会主义市场经济体制尚未完美接轨,现代企业制度尚未完全建立起来,这是国内企业主观上需求不高的因素。第二,是由于我国对于战略会计管理理论的普及程度也不够高,重点普及的是财务会计等会计学科,而会计管理处于"冷门"的尴尬位置,这也在客观上导致了战略会计管理理论研究与发展的滞后。

其次,我国企业普遍忽视会计管理的重要性。我国大多数企业将财务管理工作的重点放在财务会计上,企业经营过程中一直走着"重财务会计,轻会计管理"的弯路,忽视了会计管理的重要职能和价值。一些大型企业实行了会计管理,但是其数据来源仍然依靠财务会计的核算,而且会计管理过度依赖财务会计报告,因此没有真正发挥出会计管理的各项职能作用。实际上,财务会计侧重于对各项数据的核算,而会计管理更注重将这些数据投放到企业管理的各个环节之中,以指导企业管理实践工作。上述现状导致会计管理在我国部分企业形同虚设,这就导致战略会计管理无法施展其作用,达不到通过目标成本管理促进企业管理更上一层楼的理想效果。

最后,我国会计行业缺乏战略会计管理人才。财务会计是一个专业岗位,也是一个最为常见的会计分支,其涉及面相对较窄,重点在于专业性非常强。而战略会计管理则涉及非常广泛的知识面,既要求会计人员掌握会计专业知识,还要求其对经济学、管理学、统计学、战略管理以及市场营销等领域了如指掌,否则难以适应战略会计管理岗位的需求。目前,我国会计从业人员集中在财务会计领域,而对会计管理人才的培育却相对缓慢。这一方面受到企业对会计管理需求不高的影响;另一方面也与学习者自身的职业规划理念有着密不可分的关联。战略会计管理是会计管理中的一个分支,但是其涉及的学科相对较多,因此对学习者的学习能力和综合素质也有较高的要求,这也是造成现阶段我国对战略会计管理人才的培养欲速不达的一个重要因素。

此外,我国大多数企业环境也是基于财务会计而建立和发展起来的,因此目前的企业环境对战略会计管理的生存和发展也有着一定的阻碍和抑制作用。

### (三)推动战略会计管理在我国企业中的应用对策研究

在全球经济一体化的新经济时代,战略管理理念对于协助企业实施战略管理是大有裨益的,因此我们要积极研究战略会计管理在我国企业的应用。西方的相关理论是基于发达国家的市场经济条件而建立起来的，因此完全照搬必然不适应于我国的基本国情，我们必须根据自己的实际情况，参照国外现有的理论进行有的放矢地探索，设计出一套符合我国企业实际需求的战略会计管理体系。

政府应积极引导国内企业更新经营理念。战略管理理念是战略会计管理的灵魂驱动，政府应积极引导和鼓励国内大型企业完善自身的管理理念，重点要在现有的管理体制中加入战略管理理念。企业管理者掌握了战略管理理念，再逐级渗透这种战略思想，将战略管理思想分布到企业的各个层面，其中就包括对财务系统的战略升级。企业要积极响应政府的引导，引入战略会计管理的企业理念，尽快发挥战略会计管理的重要价值，让战略会计管理更好地为企业战略决策服务。

国内企业应强化战略会计管理的实际操作程序。有了战略管理理念这一重要的方法论，企业需要针对战略会计管理的具体实施进行结构上的设计和落实，即强化战略会计管理的实际操作。一方面，要在实践中积极推行战略会计管理，对已经成功运用战略会计管理的典型案例进行深入的学习和总结，如对国内青岛啤酒集团成功运用战略会计管理提高核心竞争力、创建国际化大企业的典范进行研究；另一方面，企业还要加快会计信息系统的建设步伐，这是为了让企业内部各个管理系统能够共享企业的知识库和数据库，对传统会计信息系统的功能进行补充和扩容，有利于更好地向战略管理决策者提供信息。

加强战略会计管理理论知识普及与业务拓展。管理理念、操作方法都是实施战略会计管理制度的必备客观条件，而会计管理人才的培养则是最为重要的主观因素。要想提高会计管理的应用水平，管理者的态度是至关重要的。目前，我国对战略会计管理的研究尚处于初期发展阶段，对战略会计管理的理论普及程度还不够。因此，我们要寻找突破口，对经营管理者及会计人员进行战略会计管理相关知识的普及和培训，强化管理者的战略管理理论，提高会计人员的战略管理水平。企业可以通过定期培训、脱产培训、案例学习、专家讲座等多种教育方式强化企业内部的战略管理观念，打造战略管理的企业文化。

## 三、智能会计时代下企业会计管理应用

当今社会迈入信息时代，经济发展迅猛增长，会计管理在企业当中的地位越来越重要。尤其是随着信息化和网络化的飞速发展，人工智能开始融入社会领域当中的方方面面，会计领域也不例外。智能会计时代下企业会计管理迎来

了新的发展机遇。本节基于对智能时代会计管理工作的现状分析,了解当前制约会计管理在企业发展中的因素,进而具有针对性地提出智能会计时代下企业会计管理应用新途径,期望为企业在智能时代的发展提供思路。

随着科学技术的进步,人工智能技术开始广泛应用。越来越多的家庭、企业当中开始出现计算机系统,会计工作同样迎来了人工智能技术时代。智能会计推动了会计工作的信息化和电算化发展。当前,在会计智能化软件方面,国内不断涌现出新的系统,而且在很多企业当中已经广泛采用。借助智能软件的普及,使得企业一方面节省了大量的人力资源,另一方面大大提升了工作效率。未来,企业的会计工作必然将会走向完全智能化之路。智能会计时代的到来将会使得企业会计管理面临一系列新的问题和挑战。

管理和会计职能的不断融合和发展,形成了会计管理。最早采用会计管理的是西方国家,这些国家针对企业相关信息采取了一系列的有效分析和处理,通过对信息资源的重新整合,进而实现对工作的高效管理。其最终目的在于借助大量的分析处理工作,给今后企业生产经营决策提供必要的参考数据,以帮助企业做出科学的决策,提高企业管理效率以及增加企业收益。从企业生产管理过程来看,会计管理应用具有重要意义。首先,借助会计管理可以进行相关信息和资料的整理与分析,为管理者提供大量的信息依据,帮助管理者在复杂的经营活动中做出合理决策;其次,会计管理可以使得企业更好地看到自身存在的优劣势,进而帮助企业在竞争激烈的国内外环境之中,可以快速提出可行的操作措施;再次,会计管理还可以帮助管理者对企业内部相关信息进行及时掌握和了解,以提升管理者对企业基础的掌握和认识;最后,随着会计管理的应用,企业还可以迅速发现问题,科学地提出解决方案,这样有助于企业快速纠正发展中的问题,不断提升企业的竞争实力。由此可见,在企业发展过程中,会计管理起到了非常关键的作用。

### (一)智能会计时代影响会计管理在企业发展中应用的因素分析

第一,企业管理层对会计管理认识不足。当前我国的企业制度主要包括两种:一种是受到家族因素影响的传统家族式企业管理;另一种是受到西方现代化思想影响的现代企业管理。不管是哪一种管理模式,从会计管理出现之后,最早开始应用的企业主要集中在一些大型企业当中,在国内其他企业管理当中会计管理还没有得到有效普及。很多管理层对于会计管理的认识都较为浅薄。他们往往认为会计管理并不能够解决当前企业在发展中所面临的问题,无法有效推动企业的进步。甚至有的企业因为视野受限和发展目标制约,觉得目前企业有着不错的经营势头和创收能力，所以完全没有必要投入更多的成本用在会计管理应用上。

第二，会计管理应用发展水平低。科技的不断进步，智能化水平的显著提升，都推动了企业会计工作走向智能化和信息化。然而受到传统习惯的影响和限制，很多企业管理层往往安于对传统财务会计功能的依赖，对于会计管理的应用则不够重视。另外，企业在需求方面，存在着个性化的差异，在会计管理功能方面表达出各种各样的要求。但现实中，人们往往认为智能化会计管理存在着功能的单一性和固定性，是不能够很好地满足多元化需求的。导致这一观念出现的原因在于，社会发展迅速，人们需求不断更新和变化，而会计管理的功能并没有被完全释放出来，还不能够更好地适应当前时代所赋予的使命和期待值。

第三，企业管理中会计管理融入难度大。我国自从改革开放之后，各行各业都进入了快速发展的节奏，越来越多的新兴企业涌现出来。但是真正能够向现代化管理企业转变的非常有限，很多企业还是停留在对利润的疯狂追求当中，小富即安的思想根深蒂固。关于企业的未来以及长期的利益，其缺乏足够的关注。企业发展的计划和目标，根本没有得到管理层的普遍关心。这样自然在管理方面，企业投入很小。在这种背景之下，想要让会计管理更好地应用于企业管理当中，存在着很大的困难。即便是有的企业开始应用会计管理，然而因为实力和水平的限制，会计管理无法在企业当中发展壮大。

第四，管理者综合素质水平低。给企业管理者提供大量的数据、信息，这是会计管理重要的功能之一，这有助于管理者做出科学的决策。但是在这一过程中，企业管理者自身的专业能力以及主观理念将会影响到其对数据和信息的判断。所以，企业管理者的综合素质水平将会作用于企业最终的决策，影响企业会计管理的应用。但是一些企业在决策过程中出现问题时，往往不是考虑管理者自身的素质能力，而是将问题归咎于会计管理，这样导致企业对会计管理的作用产生了质疑。

第五，企业管理体系不完善。会计管理应用需要完善的企业管理体系作为支撑。会计管理应用的最终目的是保证企业顺应时代的发展需求，推动企业健康有序发展。所以会计管理的发展和企业管理体系之间存在着相互依存的关系。一个企业如果引入了会计管理，但是因为其自身在管理方面缺乏完善的体系，也将会导致企业管理制度出现不足，影响企业各项管理政策的落实。缺乏规范完善的企业制度，将会导致会计管理最终无法完美地展现出其优势和功能，自然也会影响到企业对会计管理的重视程度。

### （二）智能会计时代下会计管理在企业中应用的新途径

通过以上的分析和研究可以发现，智能会计时代下会计管理在企业应用过程中受到很多因素的限制和影响。基于此，本节认为推动智能会计时代下会计管理在企业中的有效运用，应当从以下几个方面着手考虑。

第一，推动会计职能的转变。会计管理最早出现在西方国家，其属于企业管理体系当中的新内容。如果想要让会计管理的功能得到彻底地发挥，就应当加强对企业会计职责的重新认识，积极推动会计职能的转变。会计管理和传统会计在工作上、功能上都是存在着区别的。会计管理是在传统会计职能的基础之上，对企业管理发展起到了辅助作用，并且在职能上更侧重企业管理层、决策层。企业中会计管理职能的发挥，在于推动企业科学有序地发展，只有积极转变传统会计职能，使得会计管理能够更好地融入企业的决策以及管理当中，才能够使其最大限度地发挥作用。

第二，注重会计从业者综合素质提升。企业需要不断推动会计从业者专业能力和管理水平的提高。在企业当中，所有岗位的工作人员都会面临着一个重要问题，该问题就是如何能够将理论更好地应用于实践当中。通常在专业学习的过程中，人们将更多时间用在了对理论的了解和认识上，至于实际操作则非常有限，这样导致在现实工作当中，很多理论无法和实践相结合。在会计管理领域也是一样。对于企业管理和企业决策来说，会计管理意义重大。为此，作为会计从业者应当加强综合素质的提升，特别是专业水平和操作水平。一方面，企业在招聘过程中，需要进行严格的筛选；另一方面，企业还需要在员工入职之后加强对员工工作能力的培训和考核，注重加大对从业者专业能力的培养力度。对于新的知识和思想，应当及时在企业内部进行分享和学习，使得会计从业者可以迅速掌握最新知识，以便更好地服务于企业管理。

第三，建立完善的工作制度。处于智能会计时代，会计管理工作的开展越来越依赖于互联网的应用。若能够从国家角度出发，推动统一的标准和细则建立，不仅能够使得行业发展更为规范，还可以推动行业之间进行更为广泛的交流和合作，这样有助于会计管理最大程度地发挥自身优势，在行业发展过程中不断突破原来的技术水平。只有制定完善的工作制度，才能使企业的技术创新与应用实践有效地融合到一起，才能够最大限度地避免企业管理当中存在的短板，进而发挥会计管理的作用。

第四，升级和优化会计管理软件。随着计算机技术的成熟，当前制作更多、更复杂，同时具有多种功能的会计管理软件成为可能。不过，在运用先进的会计管理软件时，需要充分兼顾工作人员的网络操作能力、计算机技术水平等。优秀的智能会计管理软件，既要具备多种复杂功能，又要注重操作的简化。只有这样，才能够使得人工智能技术的优势得到体现，也才能够更好地配合会计管理人员进行工作。不断升级和优化会计管理软件，是保证智能会计时代下会计管理在企业发展过程中应用获得最大化的重要途径。

总之，作为新兴的会计职能，会计管理想要有效地融入企业管理当中，就需要经过长期的磨合。在现代化程度不断提升的情况下，越来越多的人看到了会计管理在企业当中的意义。智能会计时代背景下，会计管理不只是能够协助从业者更好地处理庞大的数据和资料，还能够有效提高工作效率，节约人力和物力资源。

## 四、基于供给侧改革的会计管理应用

供给侧结构性改革，就是要用改革的办法矫正供需结构错配和要素配置扭曲，扩大有效供给，进而实现资源优化再配置，增强供给结构对需求变化的适应性和灵活性，更好地满足广大人民群众的需要，促进经济社会持续健康发展。供给侧改革背景下，会计管理的应用和发展为企业实现转型升级提供了可靠保障。本节旨在对会计管理在供给侧改革中的作用及如何加快推进会计管理在实务中应用进行探究，帮助企业实现经济转型。

### （一）供给侧改革的时代背景

我国供给侧改革正在大力推进，成为宏观经济运行的重要主线。然而，近期该领域正发生微妙变化：去产能方面，已明令禁止"一刀切"；去库存方面，棚改货币化正在减弱；去杠杆方面，杠杆率增速已触底反弹。种种迹象表明，历经两年多的调整，供给侧改革似乎从大力推进的"上半场"步入节奏放缓的"下半场"，这势必对未来经济动能产生重大影响。以"破""立""降"为重点，大力破除无效供给、大力培育新动能、着力降低企业成本，随着供给侧结构性改革深化，我国产业结构优化升级持续加快，经济发展质量与效益不断提高。必须看到，供给侧结构性改革是未来乃至"十三五"期间的一个发展战略重点，是"衣领子""牛鼻子"。我国经济结构调整的任务还没有完成，供给侧结构性改革还需进一步深化。我国坚持以推进供给侧结构性改革为主线，"逢山开路，遇水架桥"，推动方方面面的改革，一步步走向深入，有效促进了市场出清、供求关系改善和供给结构优化，不断打开束缚市场主体的"无形枷锁"，激发出经济新活力。

◎ 会计改革与会计管理研究

会计管理是会计的重要分支，主要服务于单位（包括企业和行政事业单位，下同）内部管理需要，是通过利用相关信息，有机融合财务与业务活动，在单位规划、决策、控制和评价等方面发挥重要作用的管理活动。会计管理工作是会计工作的重要组成部分。推动会计管理发展的三个核心要素——工具、人才和体系。会计管理是一个智能的商业管理体系，也是企业统一的管理语言。从企业内部来讲，会计管理就像普通话，应该是企业内部经营、管理、咨询等各部门员工都能听懂并能使用的一种语言。会计管理体系分为七个模块，一是建设治理结构体系，二是管理控制体系，三是内部计量体系，四是外部报告体系，五是组织领导力的建设，六是国际商业环境建设，七是促进财务职能的转变。其中，促进财务职能的转变是模块中最核心的内容。会计管理本质是实现财务职能转变。财务职能要从原来的记录型转换成鉴证、分析、顾问、决策型。当前，正处在以价值创造为核心的战略会计管理体系建设发展时期。身处互联网、大数据和人工智能的时代，要在经济环境不确定性和模糊性日增、信息技术发展日新月异、全球化竞争日趋白热化的局面中谋取优势、脱颖而出，必须从战术经营向战略管理转变，从简单资源整合向核心能力培养转变。而会计管理正是帮助中国企业成功实现转变的重要方面。

### （二）供给侧改革中的会计管理应用

供给侧改革中会计管理的应用，主要通过价值增值、管理控制、信息支持三个方面体现。

一是价值增值。会计管理通过帮助企业管理层实施有效的战略管理实现价值增值。价值增值是指，通过经营和管理活动，把低投入转换成高产出。具体过程为，会计管理为管理层决策提供广泛的、科学有效的战略信息，帮助其做出正确的预测和决策，增强企业的核心竞争力，提高企业的价值创造水平，促进企业向价值链"微笑曲线"两端的高端区域流动。企业之间的竞争，甚至全球各经济体之间的竞争，归根到底都是价值链的竞争。我国虽已成为全球第二大经济体，但企业却长期活动在价值链中的低端区域。从价值增值的角度进行供给侧改革，是帮助我国大部分企业走出这种境况的有效途径之一。依靠价值增值的科学理念，调整产业结构、优化资源配置、减少无用作业，力求实现产业转型升级，改变我国企业在全球价值链中的所处环节，提高我国在全球化进程中的地位等目标。

二是管理控制。管理控制主要通过重构企业组织结构和坚守创新驱动底线两个手段，推动供给侧改革进程。管理控制主要包括战略分析、经营分析、预算制定、责任中心划分、业绩评价、奖惩机制六个方面，也是价值增值的驱动过程。对供给侧改革目标，管理控制可从价值管理的供给端入手，通过创新思维对新技术、新方法、新工具和新型商业模式进行探索和研究，优化企业投资、决策和控制，进一步调整我国不合理的产业结构，扭转目前企业整体资源利用率低、消耗量大的局面。面对经济、管理等方面发展，面对企业面临的各种风险，会计管理具有的管理控制作用，可通过强化、优化供给端的管理，帮助企业优化决策、适时调整战略、积极应对风险、淘汰落后产能、降低库存、降低风险，实现可持续发展。

三是信息支持。会计管理具有强大的信息支持作用。通过对企业日常经营数据的搜集、记录、分析，然后再依据各部门对信息需求的不同进行再次分配，从而减少部门之间的沟通环节，有助于缩短信息反馈周期，提升企业价值创造效率。同时，管理信息系统可从管理控制的角度对企业所处的内外部环境进行分析，识别风险因素，及时预警，有助于企业有效实施各项控制，降低或避免风险。上述会计管理信息系统在数据搜集和处理方面的优势，可为企业在供给侧改革中提供更准确、及时、有用的经营战略信息支撑，改善决策层、管理层对经验决策、经验管理的过分依赖，支持会计管理各项职能在供给侧改革中发挥更强大的作用，助推企业供给侧改革的深化。同时，信息支持系统与管理控制系统的结合，实现了从链式价值管理向网式价值管理的转变，增强微观主体在经济新常态下对市场的适应能力。

### （三）供给侧改革中强化会计管理应用的措施

#### 1. 增强信息化处理能力

企业的运行及发展需要企业领导者通过对管理工作的设计和分析，进行会计管理工作内容的整合，以提高会计管理在企业运行中的核心价值。在会计管理工作的设计中，完善的信息化通过对电算化内容的考核与分析，构建企业外部信息和内部信息的整合机制，分析企业会计电算化建设的必要性，完善企业发展的基本策略。通过对这些管理意识的强化，可以完善企业财务信息的管理方式，以满足企业的发展需求。

#### 2. 促进"业财融合"

将会计管理活动融入战略的各个环节中。企业等单位主体要充分分析本单位会计管理应用的内外部环境，在其内外部环境中，融入战略制定、预测、决策、评价等各个环节，实现闭环控制。有针对性地选择与不同的会计管理活动相适应的会计管理工具和方法，进行管理决策、分析、控制。通常在企业中，会计人员都有机会去业务部门发展。同时，会计人员也是企业财务部门的宣传员，是企业内部连接财务部门与业务部门的纽带。通过他们的努力，业务人员才能更好地理解财务工作，接受各类财务管理制度，从而提高企业整体的财务管理水平，遵循会计相关法规规定，编制会计管理报告。根据会计管理活动中，使用的和产生的财务信息与非财务信息，编制会计管理报告，满足管理层对管理信息的需要。总之，将会计管理思想融入企业经营活动的各个环节中，充分发挥会计管理的相关作用，最终实现企业资源优化配置，助推供给侧改革。

3. 加强会计管理人才培养

会计管理具有较强的专业性，对从业人员的专业水平要求较高。在会计管理体系构建的过程中，企业需要加强对会计管理工作内容的宣传，设置专门的管理部门，以便强化企业的内部经营管理，结合企业运行状况进行计划、评价、控制等财务信息的收集，实现财务管理工作的健康运行。实际应用中，会计管理应发挥业财融合的乘数效应。在财务分析方面，是从数据到价值的延伸；在决策支持方面，是从财务到业务的融合；在风险管理方面，是从不确定性到确定性的转变；在价值创造方面，是从利润到市值管理的分析。

# 参考文献

[1] 王海侠,刘恩厚,何锋.会计管理与成长控制研究[M].北京:九州出版社,2018.

[2] 黄延霞.财务会计管理研究[M].北京：经济日报出版社,2018.

[3] 陈少华.财务会计研究[M].北京：中国金融出版社,2007.

[4] 李政,赵桂青.基础会计[M].北京：北京理工大学出版社,2019.

[5] 安存红,周少燕.管理视角下的财务会计新论[M].延吉：延边大学出版社,2019.

[6] 张琦.政府会计改革[M].大连：东北财经大学出版社,2011.

[7] 刘骏,应益华.制度伦理视角下的政府会计改革研究[J].会计研究,2012（1）：20-24.